AF556302

पेड़-पौधों
की आश्चर्यजनक बातें

कुमार मनीश

प्रकाशक : विद्या विहार,
19, संत विहार (पहली मंजिल) गली नं. 2, अंसारी रोड, नई दिल्ली–110002
 / संस्करण : 2023 / मूल्य : तीन सौ रुपए
मुद्रक : नरुला प्रिंटर्स, दिल्ली ISBN 978-81-932893-7-2

PED-PAUDHON KI ASHCHRYAJANAK BATEIN
by Kumar Manish ₹ 300.00
Published by **VIDYA VIHAR**, 19, Sant Vihar (First Floor), Street No.2, Ansari Road, New Delhi-2

यह पुस्तक क्यों?

प्रकृति जितनी हरी-भरी है, प्रायः उतनी ही आश्चर्यजनक भी। हमारे आस-पास उगनेवाले पेड़-पौधे इसी प्रकृति के अजूबे हैं।

अगर आपसे कहा जाए कि पौधे भी बच्चे देते हैं तो आप चौंक पड़ेंगे। प्रायः सभी पेड़-पौधे बीज देकर अपनी अगली पीढ़ी को सुरक्षित करते हैं किंतु समुद्र तटों पर दलदली भूमि में पाया जानेवाला मेंग्रोव पौधा बीज नहीं, बच्चे देता है। कुछ पौधे ऐसे भी होते हैं जो मनुष्यों को समूचा निगल जाते हैं। ऐसे मांस-भक्षी पौधों में 'फेसवाटर' नामक पौधा अपना शिकार बड़े ही निराले ढंग से पकड़ता है।

इसी प्रकार दूध देनेवाले, रोटी देनेवाले, मक्खन देनेवाले, चोरी करनेवाले वृक्षों के नाम और काम आप को आश्चर्य में डाल देंगे।

प्रस्तुत पुस्तक में संसार के ऐसे ही विचित्र पेड़-पौधों के बारे में रोचक एवं ज्ञान-वर्धक जानकारी संकलित की गई है। रोचकता इसका प्राण है और ज्ञान-वर्धन इसका गुण।

पुस्तक में पेड़-पौधों की आश्चर्यजनक बातों के साथ-साथ उनके जन्म-स्थान, मानव जीवन में उनके महत्त्व तथा यथासंभव उनके उपलब्ध चित्र दिए गए हैं। आशा है यह रोचक एवं ज्ञान-वर्धक रचना सभी वर्ग के पाठकों के लिए उपयोगी सिद्ध होगी।

— लेखक

कितना बड़ा है वृक्षों, पौधों और पादपों का संसार?

वृक्षों, पौधों और पादपों का संसार बहुत बड़ा है। इस छोटी-सी पुस्तक में उसके बारे में सब कुछ दिया जाना संभव नहीं है। अकेले इस विषय पर एक बहुत बड़ा ग्रंथ भी छोटा साबित होगा। दूसरी ओर रोज नई खोजें हो रही हैं। इस कारण भी कोई ग्रंथ पूर्ण नहीं बन सकता।

इस पुस्तक में हमारा मुख्य विषय या उद्देश्य संसार के आश्चर्यजनक वृक्षों और पादपों से जिज्ञासु पाठकों को परिचित कराना है।

अनुमान है कि सारी दुनिया में तीन लाख से भी अधिक किस्मों के पौधे हैं और हर पौधे की अपनी कोई न कोई विशेषता अवश्य होती है। पाठकों को जानकर आश्चर्य होगा कि इन पौधों में से कुछ तो इतने छोटे हैं कि उन्हें सूक्ष्मदर्शी यंत्रों की सहायता से ही देखा जा सकता है और कुछ पौधे ऐसे भी हैं, जो एक दिन बड़े-बड़े वृक्षों का रूप धारण कर लेते हैं!

फिर भला उनके बारे में सब कुछ कैसे जाना जा सकता है? किंतु यहाँ जो जानकारी दी गई है, वह भी कम महत्त्वपूर्ण नहीं है॥

जल बरसानेवाले वृक्ष

केनारी नामक टापू में वर्षा नहीं होती। अतः वहाँ नदी, नाले या झरने नहीं मिलते। वहाँ एक प्रकार के जलवृक्ष पाए जाते हैं जिनसे प्रतिदिन रात के समय वर्षा होती है। वहाँ के निवासी इस जल का प्रयोग दैनिक उपयोग के लिए करते हैं।

इसी प्रकार के वृक्ष इंडोनेशिया के सुमात्रा नामक द्वीप में भी पाए जाते हैं।

इनके जलवर्षक होने का एक वैज्ञानिक कारण यह है कि जब दोपहर के समय सूर्य की किरणें तेज होती हैं तब ये पेड़ हवा के द्वारा भाप ग्रहण कर लेते हैं। कुछ देर बाद वही भाप जल बनकर बूँदों के रूप में टपकने लगती है। इन वक्षों के नीचे घड़ा रख देने पर घड़ा भी भरा जा सकता है।

इसी प्रकार अफ्रीका में भी एक प्रकार का वृक्ष पाया जाता है जिसे छेदकर पानी प्राप्त किया जाता है।

दक्षिण अमेरिका के मेरु प्रदेश में बादलों का नामोनिशान न होने पर भी ऐसा लगता है कि वृक्ष के पास घनी वर्षा हुई हो। इस वृक्ष के पत्ते घने होते हैं। उनमें ऐसा गुण है कि वे हवा में उपस्थित्त भाप को सोख लेते हैं और फिर वर्षा के रूप में बरसाते हैं।

रोनेवाले पेड़-पौधे

आपको जानकर आश्चर्य होगा कि ब्राजील के घने जंगलों में मोर्नर प्लांट या मोरनर ट्री नाम का एक ऐसा वृक्ष होता है, जिससे सारे दिन संगीत के स्वर निकलते रहते हैं। किंतु रात होते ही इसमें से ऐसी आवाज आती है मानो कोई कराह या रो रहा हो। इस बात की खोज सबसे पहले सन् 1870 में की गई थी।

सुरीली झनकार और विलाप के इन स्वरों का संबंध सूर्य के प्रकाश से होता है। सूर्य के प्रकाश में इन पौधों के शरीर के सेलों से 'स्पर्च' नामक एक रासायनिक क्रिया होती है। सूर्यास्त के बाद स्टार्च (वसा) की एक विशेष प्रकार की क्रिया पुनः होने लगती है, और यह स्टार्च घुलनशील शकर के रूप में बदलने लगता है जिससे दोनों समय भिन्न-भिन्न प्रकार की ध्वनियाँ निकलती हैं।

दूध देनेवाला वृक्ष

अमेरिका के जंगलों में एक ऐसा वृक्ष पाया जाता है जो जानदार वस्तुओं के समान दूध देंने की शक्ति रखता है। यह वृक्ष ऊपर से तो बिलकुल सूखा दिखाई पड़ता है, किंतु उसके तने और डालियों में छेद किया जाए तो बिलकुल दूध जैसा द्रव टपकने लगता है। लोग इन छेदों के नीचे अपना बरतन लटका देते हैं और आवश्यकतानुसार दूध इकट्ठा कर लेते हैं। यह दूध बिलकुल गाय-भैंस के दूध की तरह स्वादिष्ट और पौष्टिक होता है।

कंपन करनेवाला वृक्ष

अफ्रीका के जंगलों में एक विचित्र वृक्ष होता है। सवेरे यह वृक्ष अपनी शाखाओं को समेट लेता है और रात को चंद्रमा की चाँदनी के समान उन्हें चारों तरफ फैला देता है, साथ ही कंपन करने लगता है। यदि इस वृक्ष को काटा जाए तो इसका रंग तुरंत ही बदल जाता है। सूखने पर इसमें से कीड़े निकलते हैं। इस वृक्ष की विशेषता है कि यह वृक्ष जहाँ होता है वहाँ तीन मील के क्षेत्र में साँप नहीं पाए जाते।

मक्खन देनेवाला वृक्ष

आस्ट्रेलिया के जंगलों में एक वृक्ष का नाम है बटर ट्री जिसे हम अपनी भाषा में मक्खन का वृक्ष कह सकते हैं। इस वृक्ष के गूदे को उबाल लेने के बाद उसका स्वाद हमारी सभ्य दुनिया में खाए जानेवाले घी के समान हो जाता है। ऐसा ही मक्खन मैक्सिको के जंगलों में मिलनेवाले एक वृक्ष की छाल से भी बनाया जाता है।

उक्त दोनों वृक्ष यह स्पष्ट करते हैं कि मनुष्य की सेवा केवल जानवर ही नहीं करते बल्कि प्रकृति के उद्यान में ऐसे सैकड़ों वृक्ष भी हैं जो उसके जीवन के लिए बड़े उपयोगी और लाभप्रद हैं।

न्यूजीलैंड में मिका नामक एक वृक्ष पाया जाता है। इस वृक्ष के तने से मक्खन जैसा द्रव निकलता है जो गाढ़ा होता है। यह बेहद मीठा भी होता है। इस प्रकार इसे हम मक्खन देनेवाला वृक्ष कह सकते हैं।

प्रकाश देनेवाले वृक्ष

एक बार थामसन नामक शिकारी केलीफोर्निया के जंगलों में भटक गया। सूरज छिपने के बाद साहस नहीं हुआ कि वह अपने कैंप में लौट जाए। रात उसने किसी एक वृक्ष पर बैठकर ही बिताई। अपनी बंदूक को ठीक करके वह पेड़ पर चढ़ गया।

सहसा उसने जंगल में एक चमत्कार देखा। उसे ऐसा लगने लगा कि थोड़ी दूर पर प्रकाश फैलानेवाली कोई वस्तु है जिससे निकट की वस्तुएँ चमक रही हैं। थामसन ने अपना साहस बटोरा और वह वृक्ष से उतरकर उस प्रकाश की ओर चल पड़ा। जब वह निकट पहुँचा तो उसके आश्चर्य का ठिकाना न रहा। थामसन ने देखा कि 8-9 फुट का एक वृक्ष है। वह तेजी से चमक रहा है। उसकी रोशनी इतनी है कि कोई भी व्यक्ति उसके नीचे खड़ा होकर आसानी से पुस्तक पढ़ सकता है। प्रकाश वृक्ष के किस भाग से निकल रहा है वह इसका पता नहीं लगा सका। सवेरा ज्यों-ज्यों निकट आता गया रोशनी कम होती चली गई।

क्लोटेसाइके इल्युडेंस नामक फफूँद भी बड़ा ही चमकदार पौधा होता है। अमेरिका के लोग इसे 'जेको-लालटेन' के नाम से जानते हैं।

फ्लूरोट्स ओलेएरियस नामक चमकदार कवक जैतून के वृक्ष पर बढ़कर प्रकाश करता है। अँधेरी रात में इसका प्रकाश रंग-बिरंगे बल्बों के समान होता है।

जापान में पाया जानेवाला 'मशरूम लाइट', जिसे जापानी 'लेंटो-माइसीज जैपोनिकस' कहते हैं, चाँदनी रात के समान प्रकाश देनेवाला होता है।

बोलनेवाले वृक्ष

प्राचीन कथाओं के अनुसार 'सतयुग' में दुनिया की सब चीजें बोलती थीं। इसका जीता-जागता प्रमाण कलयुग में भी मिलता है।

अफ्रीका के जंगलों में एक ऐसा वृक्ष मिलता है जिसमें असंख्य छेद होते हैं। जब हवा चलती है तो वृक्ष से टकराकर मधुर संगीत पैदा करती है। तेज हवा के समय उसमें से भयानक चीखें और आवाज सुनाई पड़ती है। ऐसा लगता है जैसे कोई बच्चा रो रहा हो अथवा दूर जंगल में कोई पशु कराह रहा हो। नाइजीरियावासी इस वृक्ष की पूजा करते हैं और इसकी आवाजों से मौसम का हाल जानते हैं।

रोटी देनेवाले वृक्ष

ब्रेडफ्रूट नामक वृक्ष जैसा नाम वैसा काम वाले फल देता है जिससे रोटी बनाई जाती है। शहतूत की भाँति का यह पेड़ 'नारंगी' के समान ब्रेडफ्रूट नामक फल देता

है। इसे सुखाकर भी खाया जा सकता है। यह पेड़ दक्षिणी प्रशांत महासागर क्षेत्र में मिलता है।

वृक्ष और लताएँ बोलती हैं

हमारे प्राचीन साहित्य में वृक्षों और लताओं के बोलने के अनेक प्रसंग आए हैं। जैसे — जब महर्षि व्यास पुत्र के वियोग में व्याकुल हो गए तब आश्रम के वृक्ष और लताओं ने उन्हें सांत्वना दी थी।

शकुंतला ने जब गृहस्थ आश्रम में प्रवेश किया तब वृक्ष रूपी देवताओं ने उन्हें आशीर्वाद दिया था।

जब सीता का हरण हुआ था तब भगवान राम ने वृक्षों और लताओं से पूछा था कि बताओ, सीता कहाँ गई?

मनुष्य-भक्षी वृक्ष

ये ऐसे भयानक वृक्ष होते हैं, जो मनुष्यों को सीधा निगल जाते हैं। इनकी शाखाएँ बरगद की तरह लंबी, घनी और छायादार होती हैं। जैसे ही मनुष्य इनके पास से गुजरते हैं, इनकी शाखाएँ सीधी फैलकर उन्हें पकड़ लेती हैं। इसके बाद शाखाओं में उगे बड़े-बड़े तेज काँटे मनुष्यों के शरीर में घुसकर उनका रक्त चूस लेते हैं। ऐसे वृक्ष कम और कहीं-कहीं ही पाए जाते हैं, परंतु जीव-जंतुओं को खानेवाले पौधों की संख्या कम नहीं है। जानवरों के खून के प्यासे ये पौधे दुनिया-भर में पाए जाते हैं। इनकी दो विशेष जातियाँ होती हैं। एक वे पौधे जिनकी पत्तियों की जड़ में प्याली जैसे पानी-भरे सेल होते हैं। दूसरे वे पौधे, जो अपनी चिपचिपी पत्तियों से अपना शिकार पकड़ते हैं।

इन पौधों के शिकार पकड़ने का ढंग भी अलग-अलग है। कुछ अपने शिकार को फुसलाकर पकड़ते हैं। कुछ तुरंत उसे अपनी पत्तियों में जकड़कर उसका दम तोड़ देते हैं। सभी मांसाहारी पौधे जमीन पर पाए जाते हैं। समुद्र में ऐसे पौधे नहीं होते। इनमें अधिकांश दलदली भूमि में, जहाँ नाइट्रोजन का अभाव होता है, पाए जाते हैं। इनकी पत्तियाँ काँटेदार होती हैं।

चिपचिपी पत्तियोंवाले पौधों में 'डायोनिमा' नामक पौधे के पत्ते बीच से एक-दूसरे से जुड़े होते हैं। इसके किनारों पर तेज काँटे होते हैं। ये दाँतों का काम करते हैं। जैसे ही शिकार कोमल रोएँ छूता है, पत्ता तुरंत बंद हो जाता है। शिकार इसके शिकंजे में जकड़ जाता है। एक घंटे के अंदर ही पत्ते के दबाव से शिकार का शरीर पूरी तरह कुचल जाता है। दस दिन तक शिकार पत्ते के अंदर बंद रहता है। इस बीच में पौधा उसके शरीर से पोषण-तत्त्व चूसकर उसे बाहर फेंक देता है।

'फेसवाटर' नामक पौधा अपना शिकार बड़े निराले ढंग से पकड़ता है। उसकी पत्तियाँ चूहेदानी की तरह होती हैं। उसकी शिकार फाँसने की मशीनरी पानी के अंदर काम करती है। इस पौधे की पेशियाँ पानी को पत्तों से बाहर खींच लेती हैं। इस तरह पानी के दबाव से इसका दरवाजा तन जाता है। जैसे ही शिकार इसके रोएँ छूता है, दरवाजा खुल जाता है। दरवाजा खुलते ही पौधे के अंदर उस रास्ते से पानी जाना शुरू हो जाता है। इसी पानी के बहाव में फँसकर अभागा शिकार इसके अंदर चला जाता है। उसके अंदर पहुँचते ही दरवाजा बंद हो जाता है। तीस मिनट के अंदर ही पौधा अपने शिकार को पचा लेता है।

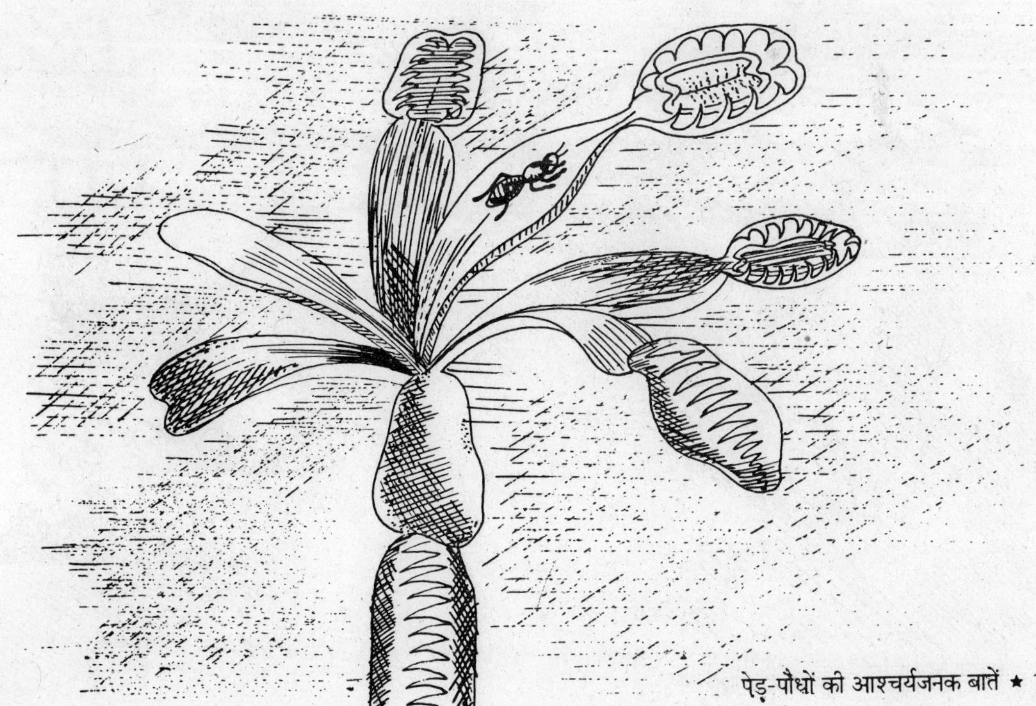

इसी प्रकार पश्चिमी आस्ट्रेलिया में पाया जानेवाला 'विवलिस' नामक मांसाहारी पौधा अपने शिकार को अपनी चिपचिपी पत्तियों से पकड़कर खा जाता है। इसी जाति के एक दूसरे पौधे की चिपचिपी टहनियाँ शिकार के चारों ओर लिपटकर क्षण-भर में उसे बड़ी क्रूरता से कुचल डालती हैं।

इस प्रकार के मांसाहारी पौधे भारत में भी पाए जाते हैं।

मांस-भक्षी पौधों में नेपेंथीस, ड्रेसरों, डायोलिया युदोकुलेरिया, संड्यू वेनस, फ्राईस्ट्रेप पिचर प्लांट, बटर वट आदि प्रमुख हैं।

ये सब प्रायः कीट-पतंगों का भक्षण करते हैं, और ऐसे स्थानों पर पैदा होते हैं जहाँ इन्हें सभी प्रकार के आवश्यक तत्त्व आसानी से नहीं मिलते।

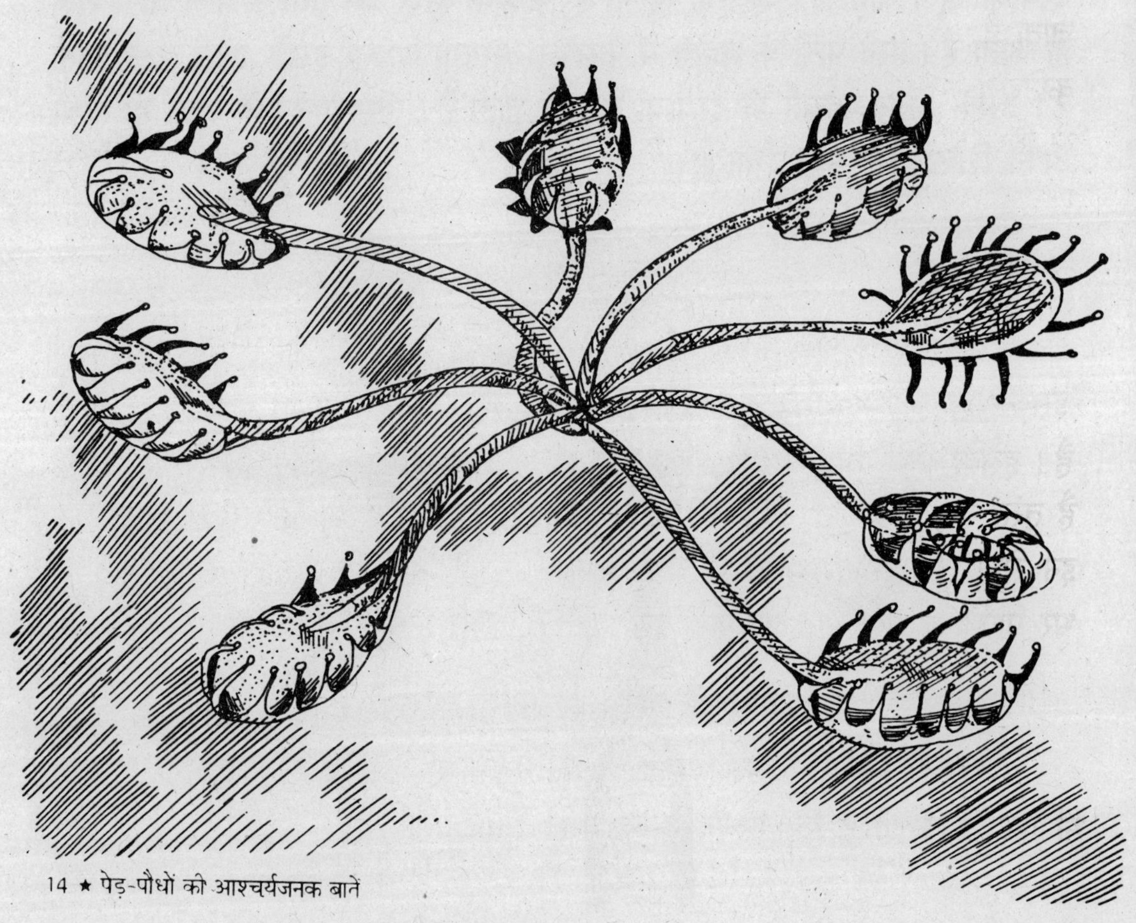

पानी के सेलोंवाले पौधे

इन पौधों की कई जातियाँ होती हैं। इनके पत्तों की जड़ों में छोटी-छोटी प्यालियों जैसे सेल होते हैं। इनमें पानी भरा होता है। शिकार इन्हीं सेलों में आकर डूब जाते हैं। उनके डूब जाने पर सेलों के अंदर उगे रुओं के द्वारा पौधा शिकार के शरीर से आवश्यक तत्त्व चूस लेता है। ये पौधे बड़ी चतुराई से शिकार को फाँसते हैं। शिकार इनके चमकीले रंगों और पत्तियों के मीठे रस के लोभ में आकर इनके सेलों में गिरकर बंदी बन जाते हैं।

इनमें से कुछ पौधों के सेल छोटे-छोटे होते हैं। ऐसे पौधे छोटे-छोटे जीव, जैसे तितलियाँ, कीड़े-मकोड़े, ही पकड़कर खाते हैं, किंतु 'नेपथीन' नामक पौधे के सेल दो इंच से छः इंच और किसी-किसी के एक फुट तक होते हैं। इसके सेलों का घेरा भी एक फुट का होता है। इस के बड़े घड़े जैसे बड़े सेलों में सात औंस तक पानी आ जाता है। इनमें छोटी-छोटी चिड़ियाँ और चूहे तक डूब जाते हैं। नेपथीन समशीतोष्ण कटिबंध प्रदेशों में पाया जाता है। यह अपनी पतली-पतली टहनियों के सहारे वृक्षों से लिपटकर ऊँचाई तक पहुँच जाता है। इसके सेलों की तह के नीचे बिना रंग का एक तरल पदार्थ होता है। इस पदार्थ में एक ऐसा द्रव्य मिला होता है, जो तुरंत ही शिकार के टुकड़े-टुकड़े कर देता है।

पानी के सेलोंवाले पौधों की एक डिपसेक्स सेलवेट्रिस नामक जाति होती है। इसकी 'हेलिंपगेरा' नामक दूसरी जाति दक्षिणी अमेरिका के नमीवाले भागों में पाई जाती है। इसके सेल लुढ़कनेवाले होते हैं। शिकार जैसे ही इस के लोभ में आगे बढ़ता है तुरंत लुढ़कने लगता है। वह पानी के अंदर जाकर पौधे का भोजन बन जाता है। इन सेलों के बीच में प्रकृति ने छेद बनाया होता है, ताकि पानी सेल के मुँह तक न भर पाए। अधिक होने पर पानी इसी छेद से बाहर निकल जाता है।

पत्तियाँ भी शिकार करती हैं

शिकारी मनुष्य, शिकारी पक्षी, शिकारी कीट तो आपने सुने होंगे मगर पत्तियाँ भी शिकार करती हैं यह शायद आपने नहीं सुना होगा।

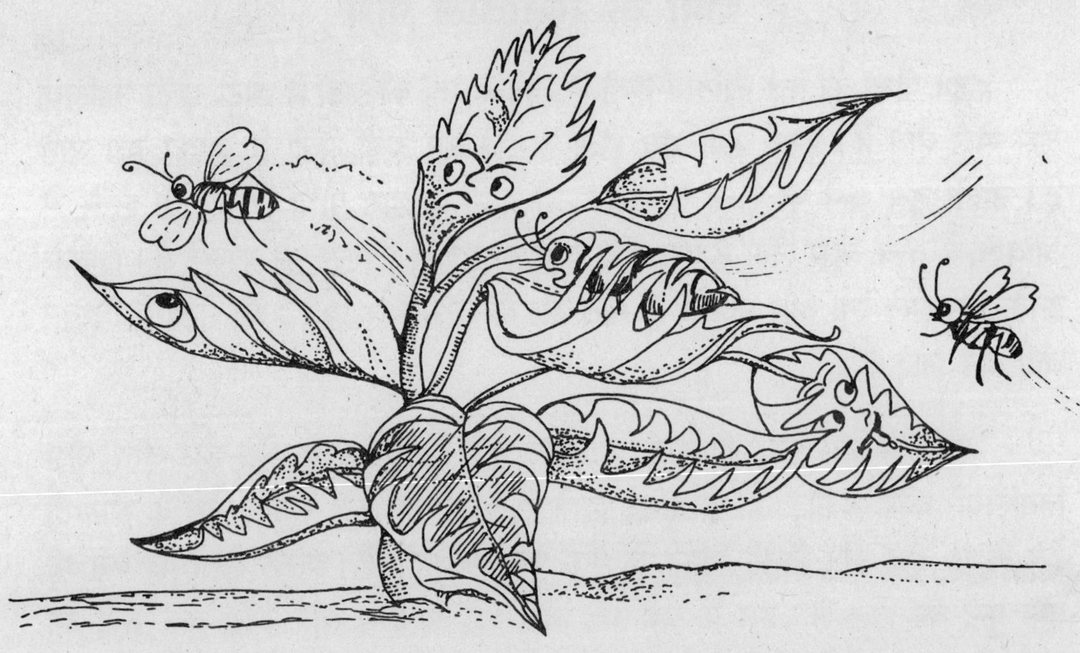

कुछ पौधे कीट-पतंगों को पकड़कर उन्हें अपनी पत्तियों में समेट लेते हैं। इनमें वीनस का मक्खी का शिकंजा प्रसिद्ध है। यह अपने पत्तों पर बैठनेवाले कीड़ों को दाँतनुमा पत्तियों में तेजी से मूँद लेता है। शिकार के मरते ही ये अगले शिकार की खोज में लग जाती हैं।

दिशा-बोधक वृक्ष

आपको यह जानकर आश्चर्य होगा कि दक्षिणी अमेरिका के वनों में एक वृक्ष ऐसा भी पाया जाता है जिसके पत्ते सदैव उत्तर दिशा में अपना मुख किए होते हैं। मनुष्य इन पत्तों को देखकर दिशा-बोध कर सकता है। जिस प्रकार 'कुतुबनुमा' यंत्र जल-जहाज के यात्रियों को दिशा-बोध करवाता है उसी प्रकार यह वृक्ष भी दिशा-बोध में सहायक है।

पानी के सबसे बड़े ग्राहक — पौधे व वृक्ष

पौधों व वृक्षों को जीवित रखने के लिए खाद, लवण, उपजाऊ मिट्टी, प्रकाश आदि के अलावा पानी भी बहुत आवश्यक होता है। छोटे से पौधे को प्रतिदिन 1 से

2 लीटर, तो यूकीलिप्टस जैसे वृक्षों को प्रतिदिन 90 से 100 लीटर तक पानी की आवश्यकता होती है। ऊँट और हाथी एक बार में इतना पानी पी लेते हैं।

इस प्रकार वृक्ष व पौधे पानी के सबसे बड़े ग्राहक होते हैं।

जलानेवाला पेड़

अमेजन नदी (दक्षिण अमेरिका) के जंगलों में 'मंचशील' नामक एक वृक्ष पाया जाता है। इसके फूलों से लगातार झड़नेवाला पीले रंग का पदार्थ निकलता है जो तेज और जहरीला होता है। यदि यह पदार्थ मनुष्यों के शरीर में लग जाए तो शरीर का वह भाग कुछ ही समय में जलने लगता है। इसके छूने मात्र से अनेक प्रकार के चर्म रोग हो जाते हैं। इसलिए इसे जलानेवाला पेड़ कहा जाता है।

मानव विकास में सहायक और बहूपयोगी वृक्ष

मनुष्य के विकास में जिस वृक्ष ने सबसे अधिक सहायता की है वह है रबड़ का वृक्ष।

रबड़ के टायर और ट्यूब बनाए जाते हैं, जिनमें हवा भरी जाती है।

जब हवाई जहाज उतरते हैं तब वे चक्कों की सहायता से ही जमीन पर लग पाते हैं। चक्कों पर टायर और ट्यूब चढ़े होते हैं जिनमें हवा भरी होती है। इस प्रकार रबड़ के कारण मनुष्य ने सबसे अधिक उन्नति की है तथा आवागमन का रास्ता सरल बनाया है। आजकल रबड़ से 100 से भी अधिक वस्तुएँ बनाई जाती हैं।

रबड़ वृक्ष की छाल को काटने पर गाढ़े दूध या द्रव जैसा पदार्थ मिलता है, जिसमें गोंद के समान गुण होते हैं। गुडईयर नामक व्यक्ति ने इसके वर्तमान रूप को विकसित किया था। आजकल संसार-भर में रबड़ की खेती एक व्यवसाय के रूप में व अनुकूल जलवायुवाले भाग में सब जगह की जा रही है।

क्रोध प्रकट करनेवाला वृक्ष

कैलीफोर्निया में एक प्रकार का क्रोध प्रकट करनेवाला वृक्ष पाया जाता है। यह दस से बीस फुट ऊँचा होता है। यह अपना क्रोध खड़खड़ाहट तथा विचित्र प्रकार की सनसनीवाली आवाजें करके प्रकट करता है। यह कभी-कभी दुर्गंध भी छोड़ता है जिसके कारण इसे 'क्रोधी वृक्ष' के नाम से जाना जाता है।

हँसनेवाला वृक्ष

अफ्रीका में एक वृक्ष है जिसकी विशेषता यह है कि इस वृक्ष के फूलों पर आटा या पिसी हुई चीज डालने पर यह बालक की हँसी के समान खिलखिलाकर हँसने की आवाज करता है।

समय की विचित्र पाबंदीवाले पेड़-पौधे

कमल का फूल सूर्योदय के साथ खिलता है और शाम होते-होते मुरझा-सा जाता है मानो वह पुनः बंद हो गया हो।

सूरजमुखी के फूल का मुँह प्रातःकाल सूर्य की ओर होता है, दोपहर में ऊपर

(सूर्य की ओर) तथा शाम को पश्चिम की ओर होता है। यह अपनेआप में आश्चर्य की बात है।

इसी प्रकार अफ्रीका के आइवरी कोस्ट के जंगलों में एक ऐसा वृक्ष होता है जिसके पत्ते दिन में फैलते हैं और रात को सिकुड़ जाते हैं। रात को बंद पत्तोंवाला यह वृक्ष एक फुटबॉल की तरह दिखाई देता है।

कुछ और महत्त्वपूर्ण विशेषताओंवाले पादप

भारत में छुई-मुई का पौधा भी एक आश्चर्यजनक पादप है। रात में इसे छूते ही इसकी पत्तियाँ सिमट जाती हैं। हाथ दूर करते ही उसकी पत्तियाँ पुनः खुल जाती हैं। ये पत्तियाँ इमली की पत्तियों जैसी होती हैं।

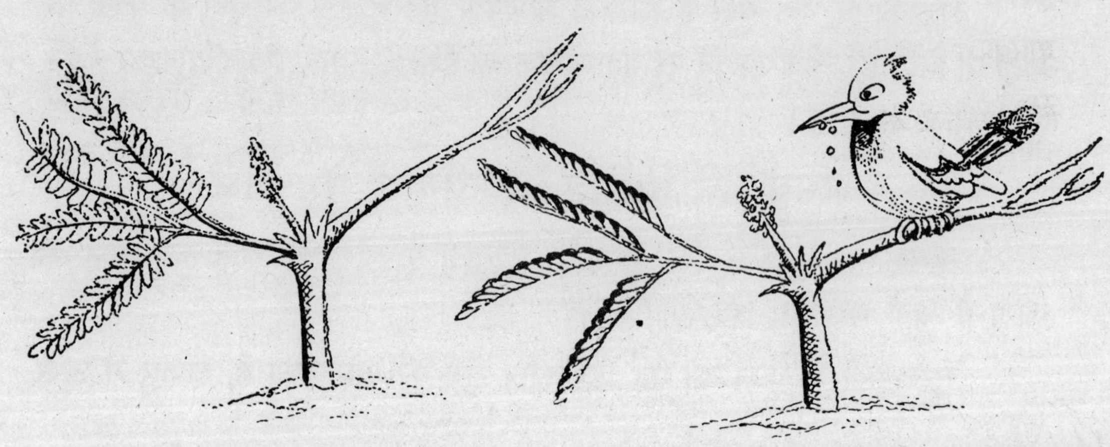

एक ही समय में अलग-अलग जाति व प्रकार के 14 फूल देनेवाला वृक्ष कितना आश्चर्यजनक लगता होगा। इन फूलों के रंग, आकार और प्रकार भी भिन्न-भिन्न होते हैं।

अमेरिका में एक ऐसा वृक्ष भी पाया जाता है जो हिलने पर मनुष्य के हँसने के समान आवाज करता है।

बच्चे देनेवाले पौधे

प्रायः सभी पौधे बीजों से पैदा होते हैं, किंतु एक पौधा बच्चे देता है।

इस आश्चर्यजनक पादप का नाम है — मेंग्रोव वनस्पति। यह समुद्री तटों, दलदली भूमि तथा खारी भूमि में पैदा होता है।

हमारे देश में ये पौधे पूर्वी व पश्चिमी समुद्रतट, गंगा, महानदी तथा कृष्णा व कावेरी नदियों के डेल्टाओं व मुहानों पर भी पाए जाते हैं।

सामान्य पौधों की तरह इनमें भी फूल व फल लगते हैं परंतु इनके बीज भूमि पर नहीं बिखरते, वरन् इनके बीज वृक्ष पर लगे फलों के अंदर ही अंकुरित होते हैं। इनके बीजों में बनते ही अंकुरण की क्षमता आ जाती है। ये अंकुरित बीज यहाँ-वहाँ शाखाओं पर लटके हुए दिखाई देते हैं जैसे वृक्ष पर छोटे-मोटे बच्चे लगे हों। चूँकि सभी पादप भूमि पर मिट्टी में अंकुरित होते हैं तथा यह पादप भूमि पर पैदा न होकर बीजों में ही पैदा होता है तथा बढ़ता है, इसलिए इस वनस्पति के बारे में कहा जाता है कि यह बच्चा देनेवाला पादप है।

शोकाकुल संगीत सुनानेवाला वृक्ष

वेस्टइंडीज के सुडानइलेह वन में एक ऐसा वृक्ष पाया जाता है जिससे दिन-भर संगीत की लहरियाँ-सी सुनाई देती हैं। मगर रात होते ही वृक्ष से रोने की आवाज आने लगती है। इस प्रकार यह वृक्ष संगीत और शोक-संगीत दोनों सुनाता है।

अपनी काया बदलनेवाला वृक्ष

आस्ट्रेलिया में यूकीलिप्टस श्रेणी का एक ऐसा वृक्ष पाया जाता है जो साल में एक बार अपनी छाल रूपी काया को बदल देता है। यह कार्य नियमित और निश्चित रूप से साल में एक बार होता ही है।

संसार का सबसे पुराना और ऊँचा वृक्ष

उत्तरी अमेरिका के कैलीफोर्निया नगर की पर्वत श्रेणियों में एक ऐसा वृक्ष है जो पर्वतों के समान ऊँचा है। इसकी ऊँचाई 300 फुट है। इस वृक्ष का घेरा 102 मीटर है। अनुमान है कि इसका कुल वजन 6,000 टन के करीब होगा। यह वृक्ष 4,000 साल पुराना माना जाता है। इसे संसार का सबसे पुराना वृक्ष होने का गौरव प्राप्त है। इसकी कड़ी सुरक्षा होती है।

वायु-भक्षक पौधे

कुछ पौधे ऐसे होते हैं जो 'वायु-भक्षक' अर्थात हवा खाकर जिंदा रहनेवाले पौधों या पादपों के नाम से जाने जाते हैं। वास्तव में ये पौधे दूसरे वृक्षों या पौधों पर उगते हैं, और उनपर ही लटके रहते हैं तथा सूर्य का प्रकाश पाते रहते ही ये अपना भोजन-पानी उस पादप या वृक्ष से प्राप्त करते हैं जिस पर ये पैदा होते हैं। चूँकि ये एक प्रकार से हवा में लटके रहते हैं तथा दूसरों पर आश्रित रहते हैं, इसलिए इन्हें 'उपरिरोही पौधों' या पादपों के नाम से जाना जाता है।

ये वर्षा या ओस आदि से भी पानी प्राप्त कर अपना काम चला लेते हैं। ये हवा से भी पानी सोख लेते हैं। इनकी पत्तियाँ भी ऐसी होती हैं कि ये पानी सोखकर अपना भरण-पोषण कर लेती हैं।

इनमें से कुछ पौधों का ऊपरी हिस्सा नली के समान होता है जिसमें पानी प्राकृतिक रूप से रुक जाता है।

ये पौधे जिन पौधों या पादपों पर पैदा होते हैं उन्हें कोई हानि नहीं पहुँचाते। ऐसे पौधे भूमध्य रेखीय जंगलों में बहुतायत से पाए जाते हैं। यहाँ के जंगल बहुत घने होते हैं जिनमें छोटे-छोटे पौधों तक वायु-प्रकाश नहीं पहुँच पाता फलस्वरूप यह प्रकृति की आश्चर्यजनक व्यवस्था है कि ये पौधे इस अजीब ढंग से जल तथा वायु प्राप्त कर जीवित रहते हैं।

गुलाब जिसके ठाठ ही निराले हैं

संसार-भर में गुलाब का पौधा केवल सुंदर फूल के कारण ही नहीं लगाया जाता है, इससे इत्र भी बनाया जाता है। सुंदरता का प्रतीक यह पौधा सुगंध, रूप, सौंदर्य और रंगों का बादशाह माना जाता है। गुलाब की सौ से भी अधिक किस्में होती हैं तथा सौंदर्य प्रेमी इसकी नित नवीन किस्में बनाने या कलम विकसित करने में लगे हैं। गुलाब एक ओषधि के रूप में भी काम आता है। इससे अर्क भी बनते हैं।

ये किसी जीवित से कम नहीं

एक जीव वैज्ञानिक का कहना है कि पौधे सोचते हैं, समझते हैं। वे भी आदमी के समान बेहोश होते हैं तथा दिन के लंबे प्रकाश के कारण वे भी थकान महसूस करते हैं। उन्हें भी रात का इंतजार रहता है और वे भी रात में मनुष्यों के समान आराम करना चाहते हैं।

इसी सिलसिले में जापान के एक वैज्ञानिक होशिमोटो ने सिद्ध किया है कि पौधे बात कर सकते हैं। मनुष्य का जन्म-दिन बता सकते हैं। जोड़ लगा सकते हैं अर्थात उन्हें गणित सिखाया जा सकता है।

है न आश्चर्य!

संदेशवाहक वृक्ष या टेलीपेथी का काम करनेवाले वृक्ष

एक बार अमेरिका में इस विषय पर खोज की गई कि यदि कोई संपर्क प्रणाली बंद हो जाए तो किस प्रणाली का सहारा लेकर संपर्क जारी रखा जा सकता है।

अपने अध्ययन के बाद एक आयोग ने यह रिपोर्ट पेश की है कि अमेरिका में एक छोटा-सा कबीला एक आश्चर्यजनक ढंग से संदेश भेजता है। हर गाँव में एक खास जाति का छोटा-सा वृक्ष होता है जिससे इस कबीले के लोग संदेश भेजने का काम करते हैं।

वैज्ञानिक इस वृक्ष के अध्ययन में लगे हैं। उनका मत है कि इस वृक्ष की प्राण ऊर्जा टेलीपेथी (संदेश वाहन) के काम में लाई जा सकती है।

राक्षस वृक्ष

वेलाविस्त्रियाँ (दक्षिणी अफ्रीका) में एक ऐसा वृक्ष पाया जाता है जिसकी ऊँचाई केवल दो फुट तक की होती है। पर इसके तने का व्यास 15 फुट तक का होता है। इसकी दूसरी विशेषता यह होती है कि आजीवन इसमें केवल तीन ही पत्ते होते हैं। यह वृक्ष शतायु होता है और एक राक्षस के समान दिखाई देता है।

कोई राक्षस पेड़ तो कोई...

कोई पेड़ अपनी ऊँचाई या गुणों के कारण राक्षस वृक्ष कहलाते हैं तो कोई-कोई पौधा इतना छोटा होता है कि उसे ठीक से देखने के लिए हमें सूक्ष्मदर्शी यंत्र का उपयोग करना पड़ता है।

दुनिया में तीन लाख से भी अधिक पौधे पाए जाते हैं। इनमें से कुछ तो ऐसे हैं जो अपनी प्रारंभिक अवस्था में बहुत छोटे-छोटे होते हैं किंतु बाद में बहुत ऊँचाई प्राप्त कर लेते हैं। नारियल का पेड़ नारियल से पैदा किया जाता है बाद में यह बहुत ऊँचा निकल जाता है। चिनार के पेड़ भी बहुत ऊँचे हो जाते हैं।

भूमध्य रेखा पर इतने ऊँचे पेड़ पाए जाते हैं कि वे नीचे बढ़नेवाले छोटे-छोटे पादपों के लिए हवा, प्रकाश तथा पानी तक मिलना मुशकिल कर देते हैं। उनके तलों में अंधकार छाया रहता है।

सिकोइया का रहस्यमय संसार

ऐसा माना जाता है कि कैलीफोर्निया मं संसार का सबसे पुराना वृक्ष सिकोइया स्थित है, जिसकी आयु 3,000 वर्ष है। इस वृक्ष में 70 वर्षों में एक बार बीज लगता

है जो 300 वर्षों में पकता है। नेशनल पार्क कैलीफोर्निया में स्थित इस वृक्ष की ऊँचाई 337.7 इंच है।

इसका तना 105 फुट चौड़ा है जिसमें से सन् 1881 में एक सड़क निकाली गई थी। इसके तने में से एक मोटर बड़ी आसानी से निकल जाती है।

यह वृक्ष इतना विशाल है कि इस अकेले वृक्ष से 56 कमरोंवाली एक इमारत बनने लायक लकड़ी प्राप्त हो सकती है।

जैतून का पेड़ भी बहुत कीमती होता है

जैतून की शाखाएँ शांति की प्रतीक मानी जाती हैं। जब प्राचीन काल में ओलंपिक खेल होते थे, तब जीतनेवालों को जैतून की पत्तियों का ताज पहनाया जाता था।

इसके पेड़ कई सौ साल तक जिंदा रहते हैं। जैतून के कच्चे और पक्के फलों से अचार-मुरब्बे बनाए जाते हैं। साथ ही जैतून का तेल खाना बनाने, सलाद बनाने, साबुन बनाने तथा ओषधियों में काम आता है।

जलीय पौधे

कुछ पौधे केवल जल में पैदा होते हैं। इनमें सेवार, जलकुंभी, सिंघाड़ा, कमल आदि प्रसिद्ध हैं। ये पानी में पैदा होकर सतह पर तैरते रहते हैं।

वैसे जल में पैदा होनेवाले पादपों की संख्या हजारों में है।

समुद्र में 'सेवार' जाति के 100 फुट तक ऊँचे पादप पैदा होते हैं।

मीठे जल के पादप अलग होते हैं। खारे जल में पैदा होनेवाले कई पादपों की न तो जड़ें होती हैं, न पत्तियाँ न फूल और न फल।

प्रायः पौधे जल में डूबने पर सड़ जाते हैं। पर जलीय पौधे जल में ही रहते हैं पर वे वहाँ सड़ते या गलते नहीं।

पौधे रेगिस्तान के

रेगिस्तान में चारों ओर रेत ही रेत होता है फिर भला क्या रेत में भी कुछ पैदा हो सकता है। जी हाँ, रेत में भी पौधे पैदा होते हैं।

आपने तरह-तरह की नागफनियाँ देखी होंगी। यह रेगिस्तानी पौधा ही है। यह न केवल रेत में पैदा होता है बल्कि पथरीले स्थानों पर जहाँ नाम मात्र की मिट्टी होती है, वहाँ भी पैदा हो जाता है।

भारतवर्ष में नागफनी से मेंढ़ बनाना या खेतों की हद निश्चित करने का काम आदिकाल से चला आ रहा है।

नागफनी की यह विशेषता होती है कि यह कम से कम पानी में भी जिंदा रह लेती है। जहाँ नाम मात्र की वर्षा होती है वहाँ भी नागफनी हरी-भरी दिखाई देती है। काँटे नागफनी की विशेषता होते हैं। जहाँ नागफनी होगी वहाँ काँटे भी होंगे। कुछ नागफनियों में थोड़े कम काँटे पाए जाते हैं। इनमें से कुछ की पत्तियाँ होती हैं तो कुछ की नहीं। इनकी पत्तियाँ पानी को भाप बनकर उड़ने से रोकनेवाली होती हैं।

आश्चर्यजनक बात तो यह है कि कुछ नागफनियों की जड़ें जमीन में बहुत गहरी होती हैं। जहाँ पानी या नमी का नाम नहीं होता वहाँ भी ये अपनी जड़ें जमा लेती हैं।

कुछ रेगिस्तानी पौधों के तनों में काफी पानी होता है। यदि हम इन्हें रेगिस्तान में 'पानी की टंकी' की संज्ञा दें तो भी गलत न होगा। इन्हें अंग्रेजी में 'जीरोफाइट' किस्म के पौधे कहते हैं।

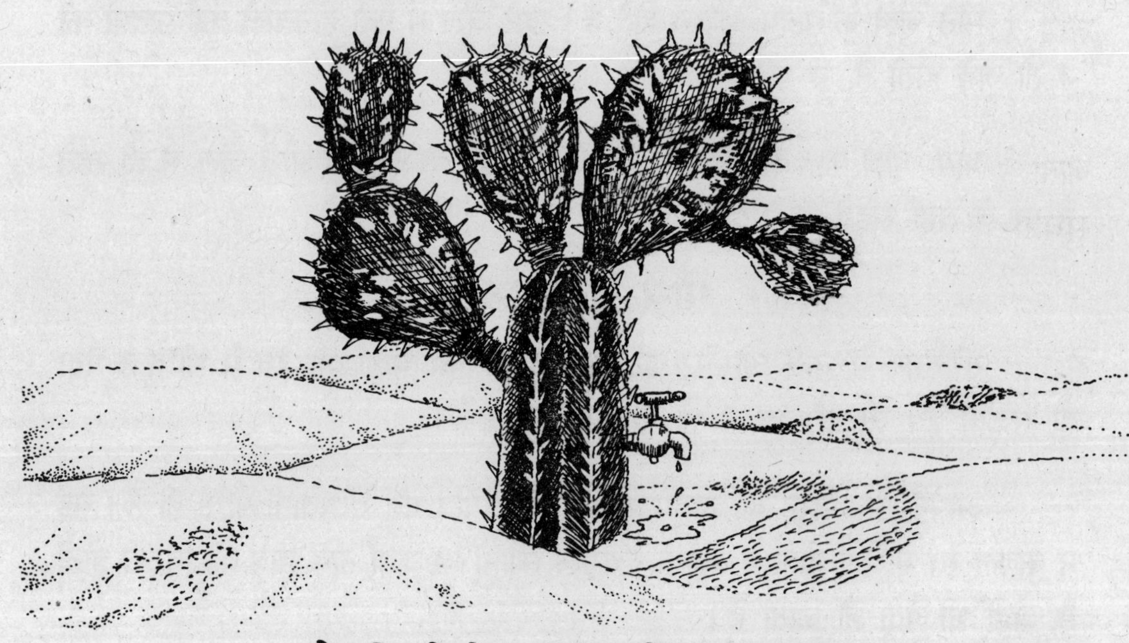

ओषधियों के आदि स्त्रोत — वृक्ष

प्राचीन काल में हमारे ऋषि-मुनि आश्रमों में रहते थे। वे प्रकृति से बहुत अधिक जुड़े हुए थे।

जिस प्रकार एक किसान अपने खेत के एक-एक पौधे को जानता है; उसे किस क्यारी में क्या काम करना है वह याद रखता है, उसी प्रकार आदिमानव और ऋषि-मुनि एक-एक वृक्ष और उसकी विशेषताओं तथा उपयोगिताओं से परिचित थे।

उन्होंने अपने ज्ञान और अनुभव के आधार पर धीरे-धीरे वृक्षों और लताओं

से प्राप्त फल-फूल तथा जड़ी-बूटियों का उपयोग करना प्रारंभ किया। कुछ समय बाद उन्होंने ओषधियाँ बनाना शुरू कर दिया।

आयुर्वेद में जड़ी-बूटियों की सहायता से ही ओषधियाँ बनाई जाती हैं। पौधों के रसों से ओत्रधियाँ तैयार की जाती हैं।

हर्र, बहेड़ा और आँवला आदि आज भी ओषधि के रूप में काम में आते हैं। तुलसी के अनेक उपयोग हैं, इससे अनेक ओषधियाँ बनती हैं। इसी प्रकार बिल्व पत्र तथा कैथे से भी अनेक ओषधियाँ बनाई जाती हैं।

नागफनी के रस तथा उसके गूदे का उपयोग भी ओषधियों के रूप में किया जाता है। हम बगीचे में एक प्रकार के पौधे लगाते हैं जिनसे प्राप्त पत्तों से घावों को सुधारा जाता है तथा फोड़ों को पकाया जाता है।

आज अनेक तरह की दवाएँ बनने लगी हैं। ये सब वृक्षों, पादपों, बेलों आदि से ही मूल रूप में प्राप्त होती हैं। इस प्रकार वृक्ष आदिकाल से हमारे जीवन-रक्षक रहे हैं।

वृक्ष पर आग

जापान के घने जंगलों में ऐसा वृक्ष पाया जाता है, जो सूर्यास्त होते ही अपनी चोटी से धुआँ छोड़ने लगता है। तब ऐसा लगता है मानो वृक्ष के ऊपरी भाग में या आसपास आग लग गई हो। इन वृक्षों के पास धुएँ के छोटे-छोटे बादल तक छाए रहते हैं।

सबसे ऊँचा वृक्ष

कैलीफोर्निया के सेडार नामक वृक्ष जो अब काट दिए गए हैं, संसार में सबसे ऊँचे थे। इसके तने का घेरा 130 फुट तथा इसकी ऊँचाई 490 फुट थी। यह वृक्ष कुतुब मीनार के दोगुने से भी अधिक ऊँचा रहा होगा।

चीनी देनेवाला वृक्ष

कनाडा (अमेरिका) के पहाड़ों में 'मीठा मैपल' नाम का पेड़ पाया जाता है। यह प्रतिदिन एक बालटी से भी अधिक मात्रा में मीठा रस प्रदान करता है। तनों को छेदकर प्राप्त किए गए इस रस से चीनी भी बनाई जाती है।

नीरा वृक्ष

खजूर और ताड़ के वृक्षों से जो रस प्राप्त किया जाता है, उसे नीरा कहते हैं। सुबह-सुबह पीने से यह रस स्फूर्ति और शक्ति प्रदान करता है जबकि दिन के 10-11 बजे के बाद पीने से यही रस नशीला हो जाता है।

एक बहूपयोगी वृक्ष कार्क

कार्क (शीशियों के ढक्कन आदि में लगनेवाले) ओक नामक वृक्ष की छाल से बनाए जाते हैं, जो वृक्ष को छीलकर प्राप्त किया जाता है।

कार्क न तो गरमी को सोखता है न पानी या नमी आदि को अंदर जाने देता है। इस पर मौसम का कोई प्रभाव नहीं पड़ता। यह वजन में बहुत हलका होता है।

इस प्रकार कार्क बहुत उपयोगी वृक्ष माना जाता है। यह वृक्ष स्पेन और पुर्तगाल में बहुतायत में पैदा होता है।

कभी बूढ़ा न होनेवाला वृक्ष

बुढ़ापा तो सभी को आता है। वृक्ष भी बूढ़े होते हैं, सूख जाते हैं और मर जाते हैं। पर 'बरगद' का वृक्ष एक ऐसा वृक्ष होता है जो बूढ़ा होने के बदले लगातार जवान होता जाता है। यह ज्यों-ज्यों बूढ़ा होता है त्यों-त्यों शक्तिशाली और खुशहाल होता जाता है। इस प्रकार यह सब प्राणियों से भिन्न है। इसका कारण है इसकी जटाएँ जो आगे जाकर जमीन में गढ़ जाती हैं और शाखा का रूप ले लेती हैं। इसके कारण बरगद सदा जवान रहता है और सदा बढ़ता ही रहता है।

भारतवर्ष में बरगद के कुछ पेड़ तो सैकड़ों-हजारों साल पुराने माने जाते हैं। कलकत्ता के बॉटेनिकल गार्डन में विश्वविख्यात बरगद का एक पेड़ है। अनुमान है कि इसकी आयु 2,000 साल से भी अधिक है। इसके नीचे 7-8 हजार लोग खड़े हो सकते हैं। इसके सबसे बड़े तने का व्यास 13 मीटर है। इसमें 240 बड़े और 3,200 के करीब छोटे तने हैं। इससे पता चलता है कि यह कितना बड़ा और पुराना है।

चोर पौधे

क्या पौधे या पादप भी चोर हो सकते हैं?

क्यों नहीं, जनाब? क्या चोरी करना मनुष्यों का ही काम होता है? पशु-पक्षी भी तो यह काम करते हैं? फिर भला पादप या पौधे पीछे क्यों रहें?

एक वस्तु जो किसी मनुष्य या प्राणी के अधिकार में है जब बिना उसकी आज्ञा या अनुमति या सहमति के ले ली जाती है, या अपने स्थान से हटा दी जाती है तो कानून की भाषा में यह चोरी कहलाती है। यही काम पादप करते हैं तो क्यों नहीं वे चोर कहलाएँ? मिसलटो पौधे इसी कारण चोर पौधे कहे जा सकते हैं।

परोपजीवी पौधों की तरह यह भी दूसरे पौधों पर उग आता है और उस पौधे से जिस पर यह उगता है उसका पानी और नमक आदि चुरा लेता है। ये पेड़-पौधे मिट्टी में नहीं उग पाते, अतः दूसरे वृक्षों पर ही उगते हैं।

किसी एक पेड़ या पादप पर इतने अधिक मिसलटो नामक ये पादप उग जाते हैं कि वह मूल पेड़ या पादप ही गुम हो जाता है। और एक समय आता है कि वह पादप जिस पर मिसलटो उगते हैं, छिप जाता है तथा सूख जाता है।

है न यह चोरी का बेजोड़ उदाहरण।

विदेशों में मिसलटो से घर-द्वार भी सजाए जाते हैं।

पौधे और प्रेम—कुछ प्रयोग

प्राचीन समय में लोग मानते थे कि पेड़ और पौधों में जान नहीं होती। अतः वे मृत माने जाते थे।

अब वैज्ञानिकों ने सिद्ध कर दिया है कि पेड़, पौधों और लताओं में भी जीवन होता है। वे कहते हैं —

वृक्ष हँसता है, रूठता है और रोता है। वृक्षों में जीवन प्राण होते हैं। यह बात

सर जगदीश चंद्र बसु ने सन् 1923 में पहली बार साबित की थी।

वोगेल और विनियन नामक दो वैज्ञानिकों ने दो पत्तियों को तोड़कर एक को कमरे में रखा। वे उस पर प्रतिदिन प्रेम प्रदर्शित करते रहे। उसे अपनी शुभकामनाएँ देते रहे और उसके लंबे समय तक जीने की कामना करते रहे।

दूसरी पत्ती को उन्होंने बाहर रखा। उसे भोजन-पानी तो दिया किंतु उसकी निरंतर उपेक्षा की।

एक माह बाद जब प्रयोगों के दौर में उनके विभिन्न फोटो उतारे गए तो उन्होंने पाया कि पहली पत्ती स्वस्थ और अच्छे रंगों की थी जबकि दूसरी मुरझा गई थी।

एक और अद्भुत प्रयोग

अमेरिका के एक वैज्ञानिक ने एक कैक्टस को लगातार 7 वर्षों तक प्रेम किया और कहा, ''यदि मेरा प्रेम तुम तक पहुँचता हो तो तुम इस बात का प्रमाण दो। तुम ऐसी शाखाएँ पैदा करो जिनमें काँटे न हों।''

सातवें वर्ष इस पौधे में एक शाखा उगी। वह बिना काँटों की थी।

इन प्रयोगों ने साबित कर दिया है कि पौधे भी संवेदनशील होते हैं। वे भी मुखर हो सकते हैं। वे भी प्रेम पहचानते हैं और उनमें भी प्यार की भावना होती है।

घास का कुनबा अत्यंत विशाल है

घास का कुनबा यानी कुटुंब बहुत ही विशाल है। हम जितने भी प्रमुख खाद्यान्न खाते हैं, जैसे — गेहूँ, मक्का, चावल, जई, जौ आदि — ये सब 'घास' की जाति में ही गिने जाते हैं। गन्ना भी एक प्रकार की घास माना जाता है।

घास की खाद भूमि को उपयोगी तथा उपजाऊ बनाती है। दूसरी ओर घास-फूस से झोंपड़ियाँ भी बनाई जाती हैं, जिनमें संसार की अधिकांश जनता रहकर अपना जीवन बिताती है।

खस की घास से गरमियों में घरों, कार्यालयों आदि को ठंडा रखा जाता है। यह घास सुगंधित भी होती है।

कई प्रकार की घास जैसे—रोंसा बहुत महँगी होती है। इससे ओषधियों के लिए कीमती तेल निकाला जाता है।

घास-पात हमारे दुश्मन या दोस्त

संसार में जहाँ कहीं हरियाली है, समझ लीजिए वहाँ घास-पात भी है।

ये बिना बोए उगनेवाले पादप हैं। ये बोई हुए फसल आदि को बहुत नुकसान

पहुँचाते हैं। ये खाद, पानी, खुराक तथा खनिज लवण स्वयं ग्रहण कर लेते हैं जिससे फसल बढ़ने से रुक जाती है।

कई प्रकार के घास-पात जहरीले होते हैं जिन्हें खाकर पशु बीमार हो जाते हैं तथा मर जाते हैं।

मगर घास-पात से एक लाभ होता है। ढालू या ढालवाली जमीन पर घास उगती है तब वहाँ की मिट्टी बरसात में बहने से रुक जाती है। यह भूमि के कटाव को रोकने में सहायक होती है।

किंतु घास-पात से हानि ही अधिक होती है, लाभ कम।

वृक्ष जिनमें से मोटर और वाहन निकलते हैं

अमेरिका का योसामाइट नेशनल पार्क संसार में बहुत प्रसिद्ध है, इसमें 200 से भी अधिक बड़े-बड़े पीड़ या तनेवाले वृक्ष हैं।

सन 1881 में एक ऐसे ही वृक्ष की पीड़ को छेदकर उसमें से इतना चौड़ा मार्ग बनाया गया था। जिसमें से एक कार या कोई अन्य छोटा-सा वाहन आसानी से निकल सकता है।

है ना आश्चर्यजनक करिश्मा!

धीरे-धीरे बढ़नेवाला वृक्ष

केनेरी नामक द्वीप में पाया जानेवाला वृक्ष 'ड्रेगन का खून' अपनी विशालता और विचित्रता के लिए प्रसिद्ध है। यह वृक्ष बहुत धीरे-धीरे बढ़ता है। सैकड़ों वर्ष पुराने इस वृक्ष के तने में चार सौ से भी अधिक बरसों में कोई फर्क नहीं पड़ा है। इसके तने का घेरा 45 फुट से बड़ा है।

वृक्ष में गिरजाघर

फ्रांस के नार्मंदी प्रदेश में बाँज नामक एक ऐसा विशाल वृक्ष है जिसे एक गिरजाघर के रूप में बदल दिया गया है।

इसकी कोटर (पीड़) में एक अच्छा-खासा बड़ा-सा प्रार्थना-कक्ष बना हुआ है। इतना ही नहीं, इसके ऊपर एक कमरा बना हुआ है जिसमें साधक आसानी से रह सकता है। यहाँ सीढ़ियों की सहायता से पहुँचा जाता है।

बाँस कहें या कहें घास

घास का तना अंदर से पोला होता है। बाँस का तना भी अंदर से पोला होता है। इसलिए बाँस को एक प्रकार की घास ही कहना चाहिए।

बाँस 10 मीटर से 30-35 मीटर तक लंबे होते हैं।

बाँस के बारे में एक और उल्लेखनीय बात यह है कि इसके नरम कुल्लों (गुल्लों) से चीनी लोग अनेक प्रकार के स्वादिष्ट व्यंजन तैयार करते हैं। ये इससे तरह-तरह के अचार, मुरब्बे और शाक बनाते हैं।

बाँस आजकल कागज बनाने में सबसे अधिक काम में आ रहा है। वैसे इससे फर्नीचर, टोकरियाँ, चटाइयाँ आदि भी बनाई जाती हैं।

संसार में सबसे लंबी 'घास', जिसे हम 'बाँस' कहते हैं 500 प्रकार की पाई, जाती हैं।

बूटियाँ भी कम महत्त्व की नहीं होतीं

पेड़ों का तना होता है। झाड़ियों का भी छोटा या कुछ मोटा या पतला तना होता है। लेकिन पचासों पौधे ऐसे हैं जिनका तना नहीं होता। और जिनका तना नहीं होता उन्हें बूटी कहते हैं। हमारे जीवन में बूटियों का भी बहुत महत्त्व है। पुदीना या पोदीन हम चटनी के रूप में खाते हैं, अजवाइन का हम दाल, सब्जियाँ बघारने में प्रयोग करते हैं। ये सब बूटी श्रेणी के पौधे हैं।

टमाटर — एक जहरीला पौधा

टमाटर के बारे में वैज्ञानिकों की राय है कि मूल रूप से यह एक जहरीला पौधा है। हजारों वर्ष पूर्व इसका उपयोग खाने के काम में नहीं किया जाता था। धीरे-धीरे इसका जहर कम होता गया और आज इसे हम रुचि से खाते हैं।

जहरीले पौधे

अनेक पौधे बहुत जहरीले होते हैं। इनका रस यदि किसी के घावों पर लग जाए तो उसकी मृत्यु निश्चित होती है।

अकाव और धतूरा के पादप बहुत जहरीले होते हैं। परंतु इसके फूल भगवान शंकर को बहुत प्रिय हैं, अतः ये उन्हें चढ़ाए जाते हैं।

पौधे और जीवन-रक्षा के कवच (उपाय)

यदि शेर और जिराफ के शरीर का रंग भटमैली भूमि में छिपने जैसा नहीं होता तो आजतक इनकी जातियों का नाश हो गया होता। इसी प्रकार पौधों को भी प्रकृति ने उनकी जीवन-रक्षा के अनेक उपाय और कवच दिए हैं। गुलाब के पौधे में काँटे होते हैं, जो फूल तोड़नेवालों को मजा चखाते हैं। कई पादपों की पत्तियाँ जहरीली होती हैं

इसलिए हम उन्हें छूने से भी डरते हैं। बिच्छू बूटी नामक पादप की पत्तियों पर रोएँ से उगे रहते हैं जिनको हाथ लगाने पर हमारे हाथ के छिलने का डर रहता है।

कई पौधों को छूते ही खुजली हो जाने का डर होता है इसलिए हम उन्हें छूते नहीं।

वृक्ष और लताएँ — चोली-दामन का साथ

वृक्ष और लताओं का चोली-दामन जैसा साथ होता है। चाहे जंगल हो या घरेलू बगीचा, वृक्ष पर लताएँ हम देख सकते हैं। इन्हें बेलें भी कहते हैं।

इनके तने लंबे और पतले होते हैं। कुछ बेलें वृक्षों पर बढ़ती हैं तो कुछ जमीन पर ही आगे बढ़ती हैं। अमरबेल आदि वृक्षों पर ही आगे बढ़ती हैं पर खीरे या कद्दू आदि की बेलें जमीन पर ही बढ़ती हैं।

इनकी एक प्रमुख विशेषता यह होती है कि ये अपने तंतुओं को डोरी के समान या घुँघराले तारों के समान उपयोग करती हैं, उन्हें वृक्षों पर लपेटती जाती हैं और आगे बढ़ती जाती हैं। इस प्रकार बेलों को प्रकृति ने यह अद्भुत विशेषता प्रदान की है।

अंगूर की बेल सबसे कीमती और उपयोगी होती है।

जब वनों में आग लगती है

जब वनों में आग लगती है, हवा बहुत तेजी से चलती है। इसका वैज्ञानिक कारण यह है कि हवा कम दबाव से अधिक दबाव की ओर बढ़ती है। जहाँ आग लगी होती है वहाँ हवा का दबाव अधिक होता है, इसलिए हवा वहाँ तेजी से बढ़ती है। तेजी से हवा चलने के कारण जंगल की आग जल्दी ही चारों तरफ फैलने लगती है।

पुराने समय में जंगल में आग लगने पर जंगल का अगला हिस्सा काटकर साफ किया जाता था, ताकि आग आगे न बढ़ सके। इसमें जो वृक्ष जलने लगते थे वे जलकर राख हो जाते थे तथा शेष जलने से बच जाते थे।

आजकल प्रगतिशील देशों में वनों में लगी आग को बुझाने के लिए विशेष प्रकार के विमानों, हेलिकॉप्टरों का प्रयोग किया जाता है। इनसे विभिन्न प्रकार की गैसें, रासायनिक पदार्थ छोड़े या छिड़के जाते हैं जिससे आग पर शीघ्र काबू पाया जा सकता है।

जंगल में लगनेवाली आग से करोड़ों रुपयों की कीमती लकड़ी एक बार में ही नष्ट हो जाती है। आग न लगे इसके लिए विशेष प्रयास और निगरानी की जाती है।

कुछ पादपों के काँटे बहुत जहरीले होते हैं

अनेक पौधे ऐसे हैं जिनके काँटे बहुत जहरीले होते हैं। देव कटसला नामक पौधे के काँटे शरीर में घुस जाने पर बड़ी मुशकिल से बाहर निकलते हैं। कभी-कभी तो इन्हें ऑपरेशन करके बाहर निकालना पड़ता है।

इसी प्रकार बबूल का काँटा मनुष्यों और पशु-पक्षियों को लग जाने पर बहुत कष्ट पहुँचाता है। जानवरों के लगने पर इस काँटे के घाव महीनों तक ठीक नहीं हो पाते।

नागफनी

नागफनी के पौधे ऐसे दिखाई देते हैं मानो नाग फन फैलाकर बैठा हो। इसलिए इसे नागफनी कहा जाता है।

इसके पादपों में पत्ते नहीं होते। शाखाएँ ही पत्तों के रूप में फैलती व बढ़ती हैं। नागफनी काँटों से भरी होती है। इसका रस ओषधि के रूप में काम में आता है।

नागफनी अनेक प्रकार की होती है। आजकल इससे बगीचे व ड्राइंग रूम सजाए जाते हैं।

संसार का सबसे विचित्र पौधा — रेफ्लेसिया एरनाल्डाई

रेफ्लेसिया का पौधा संसार-भर में सबसे विचित्र पौधा माना जाता है। सर्वप्रथम इसकी खोज सन् 1818 में बेंगकाहलू के जंगलों में की गई थी।

ये जंगल जावा और सुमात्रा (इंडोनेशिया) में पाए जाते हैं। इस विचित्र पौधे की खोज सर थामस स्टेमफोर्ड रेफ्लीस तथा वैज्ञानिक डॉ. जोसेफ एरनाल्ड ने की थी। इसी कारण इसका नाम रेफ्लेसिया एरनाल्डाई रख दिया गया।

यह पौधा परजीवी होता है। परजीवी पौधे वे पौधे होते हैं जो दूसरे पौधों पर पलते हैं। यानी वे अपना भोजन—पानी, लवण आदि स्वयं नहीं बनाते। वे किसी दूसरे पौधे पर उग जाते हैं तथा उस पौधे द्वारा तैयार भोजन पानी ग्रहण करके अपना जीवन बिताते हैं।

रेफ्लेसिया एरनाल्डाई के फूल अन्य सभी पौधों के फूलों से बहुत बड़े होते हैं। एक पूरे खिले हुए फूल का घेरा 70 से 90 सेंटीमीटर (लगभग 30 से 35 इंच) होता है। इसके फूलों की पँखुड़ियों की लंबाई एक फुट तक होती है।

एक पूरे खिले हुए फूल का वजन 10 किलोग्राम तक तोला गया है।

इन फूलों का रंग लाल या गुलाबी होता है। ये फूल बिना खुशबू के होते हैं। ये 310 दिनों में पूरे खिलते हैं।

उपर्युक्त आश्चर्यजनक तथ्यों से स्पष्ट है कि रेफ्लेसिया का फूल और पौधा वास्तव में मनुष्यों की जिज्ञासा का विषय है, इसीलिए वैज्ञानिक इसके विकास का अध्ययन करने में लगे हुए हैं।

"पौधों में जान होती है..." आदि की महत्त्वपूर्ण घोषणा करनेवाले — प्रो. जगदीश चंद्र बसु

आज से सैकड़ों वर्ष पूर्व मनुष्यों की यह मान्यता थी कि पौधों में जान नहीं होती यानी वे मनुष्यों आदि के समान जीवित प्राणी नहीं हैं। इस मान्यता को संसार में सबसे पहले गलत साबित करनेवाले वैज्ञानिक का नाम था — सर जगदीश चंद्र बसु।

उनका जन्म 30 नवंबर, 1858 को तथा मृत्यु 23 नवंबर, 1937 को हुई थी। उन्होंने वैज्ञानिक परीक्षण करके पहली बार यह सिद्ध किया था कि पौधों में भी जीवन होता है। ठीक मनुष्यों के समान पौधे भी जीवित होते हैं। इनमें और मनुष्यों में सबसे बड़ा अंतर चल तथा अचल का है। मनुष्य चल-फिर सकते हैं तथा पौधे चल-फिर नहीं सकते।

इस घोषणा के पश्चात प्रो. बसु ने पौधों पर अनेक प्रयोग करके दिखाए जिनमें से कुछ इस प्रकार हैं:

विष का असर पौधे पर भी पड़ता है — इसे साबित करने के लिए प्रो. बसु ने एक हरे-भरे पौधे को जहर का इंजेक्शन लगाया। कुछ समय बाद वह पौधा मुरझा गया।

क्लोरोफार्म से पौधे बेहोश होते हैं — क्लोरोफार्म सुँघाकर डॉक्टर मरीज को बेहोश करते हैं और उसका बड़े से बड़ा आपरेशन कर देते हैं। डॉ. बसु ने एक प्रयोग के दौरान पौधे को क्लोरोफार्म सुँघाया।

कुछ ही क्षणों में वह पौधा बेहोश-सा हो गया। किंतु दवाई का असर जाते ही वह भी मनुष्य या पशु के समान होश में आ गया। इससे यह सिद्ध हुआ कि पौधे भी मनुष्यों आदि के समान जीवित और संवेदनशील होते हैं।

डॉ. बसु ने पौधों के मन की बात जानने के लिए एक अति संवेदनशील यंत्र बनाया था जो 'क्रेस्कोग्राफ' के नाम से जाना जाता है।

इस यंत्र की सहायता से पौधा प्रति सेकंड कितना बढ़ता है — जैसी कठिन जानकारी भी प्राप्त की जा सकती है।

दूसरी ओर इस यंत्र से पौधे को पहुँची हुई चोट तथा उससे होनेवाले कष्ट का अनुमान भी लगाया जा सकता है। इस प्रकार यंत्र से पौधे के मन की बात तक जानी जा सकती है।

पौधे कितने संवेदनशील होते हैं?

पौधे संवेदनशील होते हैं यह तो आपको मालूम हो गया। किंतु वे कितने संवेदनशील होते हैं — इसकी जानकारी के लिए न्यूयार्क के बैक्सटर नामक वैज्ञानिक ने सन् 1966 में 'पौधे के मन की बात जानने के लिए' डॉ. बसु के समान ही एक नया यंत्र खोजा जिसका नाम पोलीग्राफ है।

एक दिन बैक्सटर साहब की उँगली एक ब्लेड से कट गई। उस समय पोलीग्राफ नामक उक्त यंत्र, जो किसी पौधे से जुड़ा हुआ था, ने तत्काल उस यंत्र पर गहरी संवेदना व्यक्त की।

इससे स्पष्ट है कि पौधे कितने संवेशनशील होते हैं।

बैक्सटर महोदय ने आगे संवेदनशीलता का स्तर बताते हुए कहा था कि पौधे अपने वातावरण में किसी भी सजीव कोशिका की मृत्यु पर शोक प्रकट करते हैं।

ज्यों ही लकड़हारा वट वृक्ष के पास जाता है, वृक्ष काँप उठता है; अपने कट

जाने के डर के कारण — यह तथ्य भी उस यंत्र के द्वारा सामने लाया गया।

पौधे संगीत के आनंद से जल्दी-जल्दी बढ़ते हैं। मीठी धुनों पर खुश होते हैं तथा तेज और कान फोड़नेवाली आवाजें उन्हें पसंद नहीं आतीं — यह निष्कर्ष फोटोसानिक्स नामक यंत्र की सहायता से पता चल चुका है। इसकी खोज अमेरिका की एक महिला वैज्ञानिक श्रीमती डोरोथी रैटेललैंक ने सन् 1968 में की थी।

देखने में पौधे-सा पर पौधा नहीं — कुकुरमुत्ता

वास्तव में कुकुरमुत्ता कोई पादप नहीं होता। चूँकि यह देखने में पौधे-सा दिखता है इसलिए हम यहाँ उसका उल्लेख कर रहे हैं। इसमें न फूल होते हैं, न फल और न बीज और न ही किसी प्रकार के पत्ते या शाखाएँ ही। यह बीजाणुओं से जन्म लेता है तथा छोटी-छोटी छतरियों या बटनों के समान दिखाई देता है।

कुकुरमुत्ता एक पौष्टिक आहार है तथा अब यह एक उत्तम खुराक के रूप में जाना जाता है। इसकी कई किस्में खाने के लिए उपयोग में लाई जाती हैं। विदेशों में इसीलिए इसकी खेती तक होने लगी है। यह फफूँद वर्ग में आता है। इसकी जातियाँ या किस्में कई हजार हैं — ऐसा माना जाता है।

सभी प्रकार के कुकुरमुत्ते भोजन नहीं बन सकते। कुछ जातियों के कुकुरमुत्ते अत्यंत जहरीले भी होते हैं। अतः इन्हें खाना तो दूर, छुआ तक नहीं जाता।

पेड़ भी आत्महत्या करते हैं

जब मनुष्य स्वयं अपनेआपको मार लेता है, हम उसे आत्महत्या कहते हैं।

जीव वैज्ञानिकों ने निरीक्षण-परीक्षण कर पाया है कि पेड़ भी आत्महत्या करते हैं। शिकागो विश्वविद्यालय के जीव वैज्ञानिक डॉ. राबिन फास्टर ने यह सिद्ध कर दिखाया है। पनामा इस्थमस के केंद्र वरो कोलोरोडो द्वीप पर एक दशक तक गहन परीक्षण करने के बाद उन्होंने पाया कि 'टेकीगैलिया वर्सीकोलर' नामक वृक्ष आत्महत्या करते हैं। ये भी मनुष्यों के समान घात-प्रतिघात, संघात-प्रतिसंघात अर्थात विविध

प्रकार की चोटें सहन नहीं कर पाते। फलस्वरूप ये वृक्ष पुष्प त्यागने या दान करने लगते हैं, प्रकृति को अपने बीज उपहार के रूप में देते हैं और साल-भर में अपने प्राण त्याग देते हैं यानी सूखकर नष्ट हो जाते हैं। इस प्रकार ये जानबूझकर आत्महत्या करते हैं।

पौधे भी विनाश की सूचना देते हैं

जंगल में जब शेर आ जाता है तो बंदर एक विशेष प्रकार की आवाज करके अन्य प्राणियों के आने की सूचना देते हैं। चिड़ियाँ चहकना बंद कर देती हैं, तो अनेक जीव अपने बिलों में घुस जाते हैं, उसी प्रकार पौधे भी, संकट आएगा और विनाश

हो जाएगा, यह सूचना हमें देते हैं — यह बात राजकीय महाविद्यालय नैनीताल में वनस्पति शास्त्र के विभागाध्यक्ष डॉ. सुरेंद्र प्रताप सिंह ने सिद्ध कर दिखाई है।

उन्होंने नैनीताल नगर के आसपास कुछ क्षेत्रों में 'पोटो मेंगीटोन किननेस' नामक पौधे का वैज्ञानिक अध्ययन किया और बताया कि संसार के जिन-जिन क्षेत्रों में ये पौधे पैदा हुए वहाँ प्राकृतिक विपत्तियाँ आईं। ये पौधे पृथ्वी के अंदर होनेवाली किसी विकृति की पूर्व सूचना भी देते हैं। यह पौधा तभी जन्मता है जब कोई प्राकृतिक विपदा, विनाश या संकट आनेवाला हो। जब यह पौधा अमेरिका की ग्रेट एरीलेक झील के आसपास पैदा हुआ या दिखाई दिया तो उसके 25 वर्षों के अंदर यह झील क्षेत्र नष्ट हो गया। इसी प्रकार जब यह पौधा मध्य एशिया में प्रकट हुआ तो उसके कुछ वर्षों बाद डायनासोर जैसा जीव नष्ट हो गया। इस प्रकार यह पौधा विनाश की पूर्व सूचना देता है।

सुंदरियों के प्रेम से बढ़नेवाला वृक्ष

दिल्ली के रोशनआरा बाग में एक ऐसा वृक्ष है, जो तब तक नहीं फलता-फूलता जब तक उसे सुंदरियों का स्पर्श, उनके पैर के अँगूठे का दबाव और उसके सामने उनका नृत्य-गान नहीं होता। इस वृक्ष को 'सीता अशोक' कहा जाता है। यह वृक्ष

अधिकतम 8 मीटर की ऊँचाई तक बढ़ता है। इसके फूल लाल तथा आकर्षक और सुगंधित होते हैं, जो फागुन और चैत माह में फूलते हैं।

महाकवि कालिदास ने भी अपने एक नाटक में सीता अशोक नामक इस वृक्ष के बारे में लिखा है कि यह वृक्ष स्त्रियों के स्पर्श से ही खुश रहता है और समय आने पर फलता-फूलता है। जब सुंदरियाँ इसके पास नृत्य करती हैं, यह वृक्ष अपनी टहनियाँ झुकाता-सा दिखाई देता है।

तीज-त्योहारों के समय आज भी स्त्रियाँ इस वृक्ष की पूजा करती हैं और वहाँ गाती-बजाती तथा नाचती हैं।

भारत का प्रसिद्ध शहीदी वृक्ष नहीं रहा

उत्तर प्रदेश के बरेली नगर में एक वृक्ष शहीदी वृक्ष के नाम से जाना जाता था। यह वृक्ष 200 साल पुराना माना जाता था। वह वृक्ष अँग्रेजों के जुल्मों का साक्षी वृक्ष माना जाता था। 1857 के आंदोलन में भाग लेनेवाले लगभग 220 लोगों को इस वृक्ष पर फाँसी दे दी गई थी। इसी कारण इसे शहीदी वृक्ष कहा जाता है।

सन् 1986 में यह वृक्ष जड़ सहित गिर पड़ा।

विदेशों में ऐसे महत्त्वपूर्ण वृक्षों की सुरक्षा होती है, किंतु भारतवर्ष में यह वृक्ष अपनी आयु पूरी किए बिना ही समाप्त हो गया।

पेड़-पौधों का दुश्मन पौधा — बाँदा

जिस प्रकार मनुष्यों के दुश्मन होते हैं उसी प्रकार बाँदा नामक पादप पेड़-पौधों के दुश्मन होते हैं। ये तंबाकू, टमाटर, बैंगन, पत्तागोभी, शलजम आदि के पौधों की जड़ों का रस चूसकर अपना जीवन निर्वाह करते हैं।

इस प्रकार बाँदा परोपजीवी है। वह दूसरे पादपों से जीवन-रस प्राप्तकर अपना निर्वाह करता है। बाँदा तंबाकू का सबसे बड़ा दुश्मन माना जाता है। तंबाकू की फसल व्यावसायिक होती है और बाँदा उसे सबसे अधिक नुकसान पहुँचाता है। बाँदा को वनस्पति शास्त्र की भाषा में ब्रूम रोप कहा जाता है। यह आरोबेंकी नामक वनस्पति के वर्ग का है।

बाँदा के बीज छोटे और काले रंग के होते हैं। ये वर्षों मिट्टी में पड़े रहकर भी खराब नहीं होते और समय आते ही अंकुरित हो जाते हैं। किसान बड़ी मुशकिल से इसके पौधों को निकाल पाते हैं।

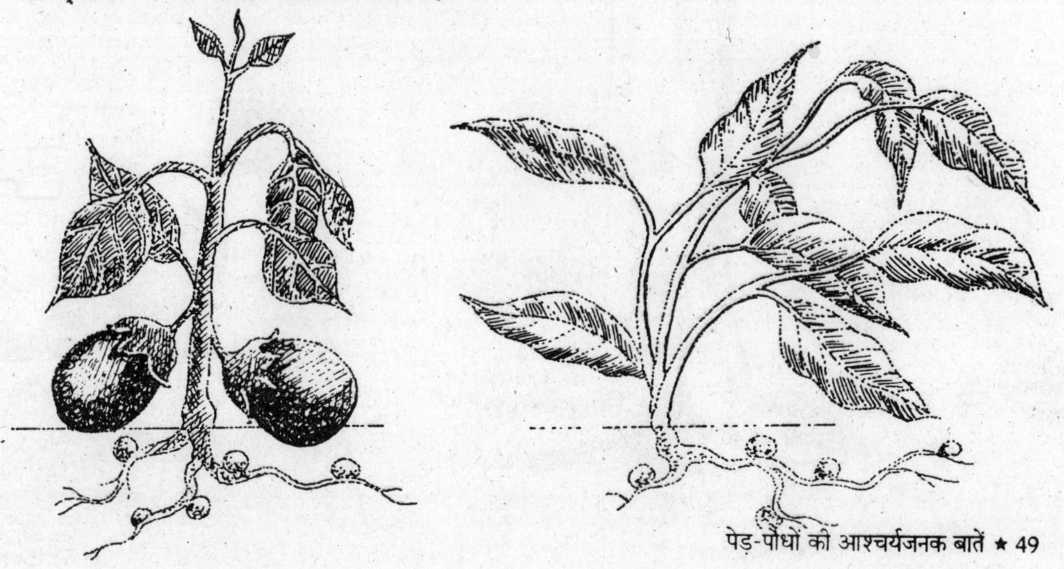

वृक्ष ही हैं जो मरने तक बढ़ते रहते हैं

मनुष्यों के शरीर का विकास बीस-पच्चीस साल की आयु तक होता है। इसके बाद उनका शरीर नहीं बढ़ता है। संसार में वृक्ष ही एक ऐसा 'प्राणी' है जो मरने तक बढ़ता रहता है। ये हमें प्राण वायु या ऑक्सीजन देते हैं तथा मरते दम तक हमारी सेवा करते हैं।

कोई भी पौधा जिसका तना अपने सहारे खड़ा रहता है तथा दस फुट तक ऊँचा रहता है — सामान्यतः वृक्ष कहलाता है। वृक्ष का पृथ्वी के ऊपर रहनेवाला भाग मुकुट कहलाता है।

जमीन के अंदर रहनेवाले भाग को जड़ या मूल कहते हैं। पेड़ या वृक्ष की पत्तियाँ भोजन तैयार करनेवाली होती हैं, ये ही हरीतिमा के माध्यम से भोजन बनाती हैं।

जो वृक्ष जितना बड़ा होता है उसकी जड़ें भी पृथ्वी में उतनी ही अंदर तक पहुँची या गड़ी होती हैं। जड़ें वृक्ष को खड़े रहने में सहारा देती हैं। ये मिट्टी और पानी की सहायता से वृक्ष रूपी कारखाने के लिए भोजन और पानी तथा लवण आदि पहुँचाने में सहायता करती हैं। पत्तियाँ वृक्ष का भोजन बनानेवाला कारखाना होती हैं, यही खनिज पदार्थों को वृक्ष के दूसरे भागों में पहुँचाती हैं। कई वृक्षों में फूल नहीं आते।

वृक्ष अनेक प्रकार के पाए जाते हैं। चीड़, देवदार, चिनार के पेड़ बहुत ऊँचे होते हैं। कई वृक्षों के तने आठ-दस मीटर तक बड़े होते हैं तो कई वृक्ष सौ, सवा सौ मीटर तक ऊँचे होते हैं।

प्रकृति का एक और कमाल — पौधे की पाकशाला या रसोईघर

पौधों की पाकशाला बहुत कीमती और महत्त्वपूर्ण है। पौधे अपनी पाकशाला में ठीक मनुष्य के समान भोजन, पानी, हवा, रोशनी आदि सब बनाते हैं। इनको बनाने में मिट्टी उनकी सहायता करती है।

पौधे क्लोरोफिल या हरीतिमा नामक हरे रंग का पदार्थ तैयार करते हैं जिनके कारण ही ये हरे-भरे या हरे रंग के दिखाई देते हैं।

क्लोरोफिल पौधों की पत्तियों और तने में भी पाया जाता है।

पौधे चीनी और कार्बन डाइऑक्साइड गैस भी बनाते हैं। इसमें ऑक्सीजन गैस होती है। जल के कुछ अंश में भी ऑक्सीजन होती है।

चीनी बनाते समय सभी पादप या पौधे आवश्यकता से अधिक ऑक्सीजन को बाहर निकाल देते हैं। यह ऑक्सीजन प्राणी मात्र के लिए उपयोगी होती है।

यदि पेड़-पौधे ऑक्सीजन नहीं बनाते व उसे लगातार छोड़ते रहते तो संसार-भर

में उपलब्ध ऑक्सीजन कब की समाप्त हो गई होती, जिसका परिणाम यह होता कि प्राणी नष्ट हो गए होते। इस प्रकार पादप या पौधे प्राणियों के लिए ऑक्सीजन बनाते हैं और प्राणी इस पर ही जीवित रहते हैं।

पेड़-पौधे हम पर बहुत बड़ा उपकार करते हैं। इसी कारण अधिक से अधिक वृक्षारोपण किए जाने या पेड़-पौधे अपने आसपास लगाए जाने की बात कही जाती है ताकि मनुष्यों और प्राणियों को प्राण वायु या ऑक्सीजन मिलती रहे।

बात उपयोगिता की — प्रसंग समुद्री घास का

पेशाबघरों के आसपास आपने गाय, बैल तथा भैंस आदि को मँडराते देखा होगा। ये मानव-मूत्र को बड़े चाव दे पीते हैं क्योंकि मानव-मूत्र में इन्हें अधिक मात्रा में लवण या नमक मिलता है। अतः ये प्राणी साधारण पानी के उपलब्ध होने पर भी इस मूत्र या पानी को पीना अधिक पसंद करते हैं।

पहले मनुष्यों ने घोड़ों को मांस के लिए पाला; फिर जब पाया कि इसका मांस लचीला और स्वादिष्ट नहीं है तो उन्होंने मारना छोड़ दिया। दूसरी ओर मनुष्यों को पता चला कि यह प्राणी माल, सवारी ढोने आदि के काम में अधिक उपयोगी है तो उन्होंने घोड़ों का उपयोग बदल दिया और उन्हें उपर्युक्त कामों में लगा लिया।

बकरियों, मुरगियों, बतख आदि का मांस मनुष्यों को लचीला लगा तो मनुष्य ने उन्हें पालना शुरू कर दिया। वह इनके भोजन-पानी की व्यवस्था खुद करता है।

आदिकाल में मनुष्यों को पता चला कि वृक्ष उनके जीवन में बहुत उपयोगी हैं, वे कट-मरकर भी हमारी सेवा करते हैं तो उन्होंने वृक्षों को अपने आसपास लगाना शुरू कर दिया।

मनुष्य ने उस सब को अपनाया जो उसके लिए उपयोगी था। इसी प्रकार जब समुद्र में ज्वार-भाटा आता है तो समुद्री घास तैरकर तट पर आ जाती है मनुष्य उसे भी बटोर लाता है क्योंकि उसे पशुओं को खिलाने से वे हृष्ट-पुष्ट होते हैं। पशुओं को इनमें आयोडीन काफी मात्रा में मिलती है। यह घास खाद के लिए भी उपयोगी होती है।

एक पादप जिसके जड़, तने, पत्ते, फल-फूल तथा बीज नहीं होते

पादपों में एक पादप ऐसा होता है जिसके न तो जड़ें होती हैं, न पत्ते होते हैं और न ही तना होता है। साथ ही न तो इसके फल होते हैं और न ही फूल। फिर भला यह अपने समान दूसरे पौधों को जन्म कैसे देता होगा?

इनमें नन्हें हरे पौधे नर और मादा अंडे देते हैं। पानी में ये नर अंडे तैरकर मादा अंडों के पास चले जाते हैं और इस प्रकार यह पादप पैदा होता है और बड़ी मात्रा में बढ़ जाता है।

आजकल इसका तना एक बीमारी के बढ़ने के समान हो गया है, जिसका सामना करना मुशकिल हो गया है। यह पानी के बड़े क्षेत्र पर एक कालीन के समान छा जाता है, जिससे पानी धूप के संपर्क में नहीं आ पाता और धीरे-धीरे खराब हो जाता है। वह सड़-सा जाता है और बेकार हो जाता है।

यह पादप तर भूमि, वृक्षों के तनों, शिलाओं, शहतीरों, तालाबों और नदी के तलों में उगता है।

इसका नाम भी जान लीजिए — काई।

आज के युग में जब सब जगह पानी की कमी होती जा रही है, काई बढ़ती ही जा रही है और इसे हटाना एक समस्या हो गया है। काई—पर्णांग काई, शैवाल काई और पेड़ काई — इन तीन प्रकार की होती है।

कंद भी कम आश्चर्यजनक नहीं होता

अनेक पौधे कंदों से ही उगाए जाते हैं। जैसे प्याज और लहसुन कंद की

सहायता से ही पैदा होते हैं। कंदों के बीच एक नन्हा पौधा होता है जो अंकुरित होता है। इसमें पौधे का भोजन सुरक्षित रहता है। यह फल का रूप लेकर फसल पैदा करता है।

फुदकनेवाले बीज

उत्तर अमेरिका का दक्षिणी भाग मैक्सिको है। यहाँ एक पौधा ऐसा होता है जिसके बीज अपनेआप फुदकते हैं। इसलिए इन्हें फुदकनेवाले बीज कहा जाता है। ये बीज सबको आश्चर्य में डाल देते हैं।

इन बीजों के फुदकने का वैज्ञानिक कारण इस प्रकार है — इन बीजों के अंदर तितली का लार्वा रहता है। तितली इस बीज के बीच में उस समय अंडा देती है जब यह बीज बनना शुरू होता है।

बाद में तितली के लार्वा से बना तितली का बच्चा पैदा होकर इस बीज को खा-खाकर पोला कर देता है। वह इसमें हलचल भी पैदा करता है जिससे यह बीज हिलने-डुलने लगता है।

लार्वा धीरे-धीरे रेशम के कीड़े के समान बड़ा हो जाता है। यह अपना कोया भी बनाने लगता है जिससे इसमें हलचल होती है। इस प्रकार यह बीज हिलता-डुलता तथा हलचल करता हुआ दिखाई देता है। इसी कारण इसे फुदकनेवाला बीज कहा जाता है। इसके कोया को छूने से भी यह हिलता है।

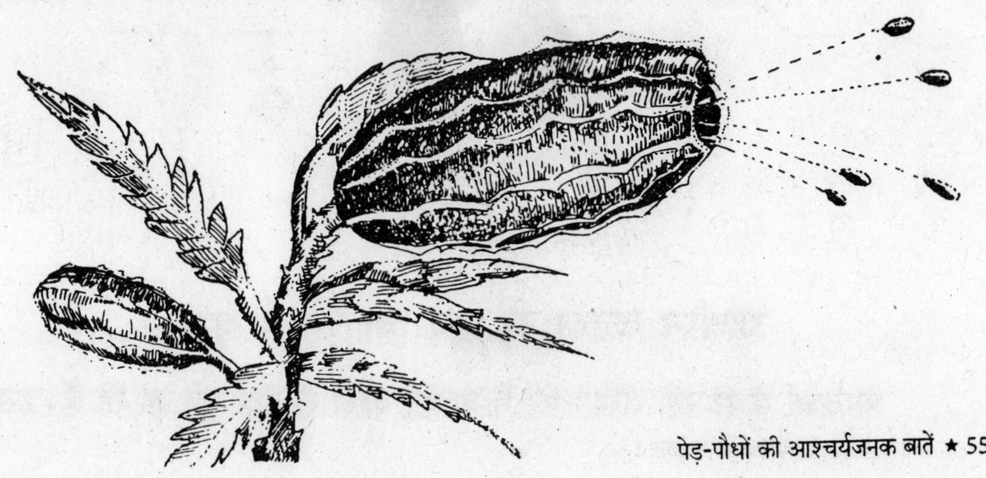

फलियों का अद्भुत संसार

आपको जानकर आश्चर्य होगा कि संसार में 12,000 से अधिक ऐसे पौधे मिलते हैं जिनमें फलियाँ लगती हैं।

फलियों के अंदर बीज होते हैं। इनको यदि हम छीलते हैं तो पाते हैं कि ये बीज दो भागों में बँट जाते हैं। इन्हें दो-बीजीय बीज कहते हैं। मटर, चना, अरहर, सेम इसी प्रकार के दो-बीजीय बीज होते हैं।

मूँगफली के बीज भी दो भागों में बँट जाते हैं।

क्या इन बीजों को उगाने के लिए उन्हें दो भागों में बाँटना जरूरी होता है? क्या इनका छिलका भी, जो दो बीजों के ऊपर होता है, बोने के लिए निकाला जाता है?

नहीं। मूँगफली के दाने का छिलका बहुत नाजुक-सा व पतला होता है। यदि यह टूट जाए तो फली पैदा नहीं होती। पैदा करने के लिए यह आवश्यक है कि बीज का छिलका न निकले। कुछ प्रकार की जंगली फलियाँ जहरीली भी होती हैं।

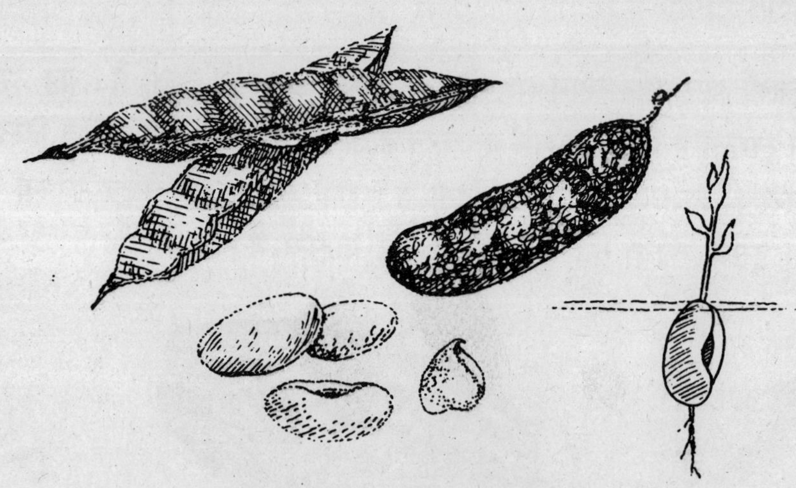

प्राचीन काल से पूजे जा रहे हैं वृक्ष

भारतवर्ष में ही नहीं संसार-भर में प्राचीन काल से वृक्ष पूजे जा रहे हैं। इसका

एक मात्र कारण है इनकी उपयोगिता। वृक्ष जितने उपयोगी होते हैं उतनी और कोई वस्तु उपयोगी नहीं होती।

प्राचीन मान्यता है कि एक वृक्ष दस पुत्रों के समान होता है। दस पुत्र भी एक पिता की उतनी सेवा नहीं कर पाते जितना एक वृक्ष देश व समाज की सेवा करता है।

आदिवासियों में तो वृक्ष को ही देवता मानने की रीति-नीति चली आ रही है। स्कंदपुराण में कहा गया है कि बड़े और विशाल वृक्ष, वृक्ष नहीं देवता हैं।

पीपल लगाने से धन की प्राप्ति होती है, और अनार लगाने से पत्नी की प्राप्ति होती है, वहीं मोरसली का वृक्ष लगाने से परिवार में वृद्धि होती है — ऐसा माना जाता है।

ऐसा भी मानना है कि जल के देवता वरुण कल्प या खजूर वृक्ष में विराजमान रहते हैं, जबकि ब्रह्मा, विष्णु और महेश का निवास पीपल वृक्ष में है। पीपल को 'सर्व माया हरा वृक्ष' भी कहते हैं। हमारे देश में वट व पीपल को काटना मना है।

आज भी वट, नीम और पीपल के वृक्षों को लगाना पुण्य का काम माना जाता है।

प्राचीन समय में वृक्षारोपण किसी एक त्योहार या उत्सव की भाँति मनाया जाता

था। हमें आज भी वृक्षारोपण को एक सामाजिक उत्सव बनाना चाहिए।

प्राचीन समय में मनुष्य की भाँति वृक्षों को भी साफ व शुद्ध जल से नहलाया जाता था, उन पर सुगंधित पदार्थ डाले जाते थे और उन्हें रेशमी कपड़ों में लपेटकर सुरक्षित रखा जाता था। उन्हें सोने की छड़ से काजल और सुरमा लगाया जाता था यानी उन्हें एक बच्चे के समान मान व स्नेह प्राप्त था।

आम को दक्षिण तथा पीपल को पश्चिम दिशा में लगाना आज भी शुभ माना जाता है।

प्राचीन मान्यता है कि जो आम, गूलर, इमली, कैथा, पीपल, आँवला, नीम आदि का वृक्ष लगाता है उसे स्वर्ग का सुख और अंत में मोक्ष प्राप्त होता है।

प्राचीन काल में लोग जब तक वृक्षों को जल नहीं चढ़ाते थे तब तक स्वयं भी अन्न और जल नहीं ग्रहण करते थे।

वृक्ष हमें प्राण (प्राण वायु), पानी, ईंधन, फल-फूल, रेशे, पुष्प, खाल, छाया आदि क्या-क्या नहीं देते? इसीलिए आज भी वृक्षारोपण और वृक्षों की रक्षा की उतनी ही आवश्यकता है जितनी पहले कभी थी।

पिस्तौल और बंदूक नामधारी पौधे

पायलिया मसकोसा पौधे जिसे अंग्रेजी में गन पाउडर या पिस्टल यानी पिस्तौल प्लांट (पौधा) कहते हैं, बड़े ही मजेदार हैं। जब इनका फूल बड़ा हो जाता है तो किसी कीट या मनुष्य के द्वारा छूते ही उस जीव को ऐसा महसूस होता है मानो गोली चली हो।

वास्तव में इनमें सुनहरे परागकण निकलते हैं जो कीट के शरीर पर बिखर जाते हैं। उसे इन परागकणों से बहुत कष्ट होता है।

उसी प्रकार स्टाइलीडीयम ग्रमिनिफोलियम नामक एक पौधे को अंग्रेजी में ट्रिगर

प्लांट कहा जाता है। ट्रिगर बंदूक के घोड़े को कहा जाता है जिसे दबाने से गोली चलती है।

जब कोई कीट इस फूल को छूता है तो उसके परागकण फूट पड़ते हैं और कीट को घेर से लेते हैं। इससे कीट को काफी कष्ट होता है, ठीक वैसे ही जैसे मनुष्यों को काँटों के चुभने से होता है।

इस प्रकार हम देखते हैं कि जहाँ गुलाब, मोगरा, चंपा और चमेली मानव तथा कीटों आदि को शीलता और सुगंध देते हैं वहीं उपर्युक्त पौधे बंदूकची पौधे होने की सही संज्ञा पाते हैं।

वर्षा का संकेत देनेवाले पौधे

कुछ पौधे ऐसे हैं जो हमें आनेवाले मौसम की सूचना देते हैं। कुछ पौधे ऐसे हैं जो हमें वर्षा की सूचना देते हैं।

जब गौरैया चिड़िया घर के आसपास भरे हुए डबरों में नहाती है तो ऐसा माना जाता है कि वर्षा आनेवाली है। उसी प्रकार कुकरौंधे (डांडिलियान), अम्लबेंत और फर्न ऐसे पौधे हैं जो उगकर हमें शीघ्र ही वर्षा आने की सूचना देते हैं। इसीलिए इन पौधों को संकेतक पौधे कहा जाता है।

कुछ पौधे ऐसे भी होते हैं जो वर्षा के आने के पहले से ही आँसू बहाने लगते हैं तथा कुछ पौधे ऐसे होते हैं जो तेज या हलकी-सी गंध छोड़ने लगते हैं।

विचित्रताएँ और भी हैं वृक्षों और पादपों की

** हमारे देश में मिर्च का पौधा अनेक जगह मिर्च की बेल के रूप में पाया जाने लगा है जबकि यह तने पर खड़ा होनेवाला पादप है।

** कई जगह इस प्रकार का नीम पाया जाता है जो मीठा होता है। लगता है वह अपनी कड़वाहट ही भूल चुका है।

** कुछ दिन पूर्व तक कलकत्ता के पास खजूर का एक ऐसा पेड़ था जो शाम को आरती के समय झुक जाता था। मंदिर में आरती की घंटियों को सुनकर झुक जाने की इस पेड़ की विशेषता ने सबको चकित कर दिया। आश्चर्य की बात तो यह थी कि यह पेड़ आरती के बाद वापस सीधा हो जाता था।

** उत्तर प्रदेश के प्रतापगढ़ के निकट सालमगढ़ में खजूर का एक वृक्ष देखकर लगता था मानो दस सिरोंवाला रावण खड़ा हो।

** इंदौर के निकट एक फार्म हाउस में एक वृक्ष त्रिशूल के आकार का है।

** खंडवा के पास टेमी नामक ग्राम में वट का एक विशाल वृक्ष लगभग एक एकड़ में फैला हुआ है। इसका मुख्य तना चल चुका है पर वह अपनी हवाई जड़ों पर आज भी टिका हुआ है।

** गया में भगवान बुद्ध ने जिस वट वृक्ष के नीचे ज्ञान प्राप्त किया था वह आज भी जीवित है। इसे बोधि वृक्ष कहा जाता है। इसे नष्ट करने के अनेक प्रयास किए गए पर यह अमरता प्राप्त कर चुका है।

** गुजरात के कबीरबड़ नामक वृक्ष के बारे में यह प्रसिद्ध है कि कबीर बड़ की जिस टहनी से दाँत साफ कर रहे थे यह उसी से पैदा हुआ है। विशाल शाखाओंवाला यह वृक्ष गुजरात के मरुच जिले में आज भी देखा जा सकता है।

** एशिया का सबसे ऊँचा चीड़ का वृक्ष हमारे देश में देहरादून के पास स्थित है। यह लगभग 61 मीटर ऊँचा और ढाई मीटर चौड़ा है।

** गुजरात में जफराबाद के पास राजाभाई अलाभाई नामक एक व्यक्ति के मकान के अहाते में ऐसा बेर का वृक्ष है जिसमें काँटे नहीं हैं। इसमें हर साल 600 से 700 किलोग्राम तक फल लगते हैं।

** हमारे देश में अनेक स्थानों पर ऐसा वृक्ष मिलता है जिसे दूधई, दूध कड़ी या दही कड़ीवाला वृक्ष कहते हैं। इसमें से निकाले गए दूध से आसानी से दही प्राप्त किया जा सकता है। जंगल में जानेवाले ग्वाले इसे खाकर खूब लाभ उठाते हैं।

** सूडान के जंगलों में ऐसा वृक्ष पाया जाता है जो कुत्ते और बिल्लियों के समान रोने की आवाज करते हैं।

** दुनिया का सबसे छोटा वृक्ष अमेरिका में पाया जाता है। उसकी ऊँचाई एक फुट तक ही होती है। यह बाएँ या दाएँ फैलता है परंतु कभी भी ऊँचाई में नहीं फैलता। आश्चर्यजनक बात तो यह है कि इसकी जड़ 60-70 फुट लंबी होती है और आयु 300 बरस तक।

** अफ्रीका के जंगलों में ऐसे अनेक वृक्ष पाए जाते हैं जिनका थोड़ा-सा रस पिलाने पर सर्प और बिच्छू के काटने का असर और दर्द जाता रहता है।

** मध्य अमेरिका के पनामा क्षेत्र में एक ऐसा वृक्ष मिलता है जिसके फल

मोमबत्तियों के समान होते हैं।

अमेरिका के ऊष्ण कटिबंधीय क्षेत्र में इक्वीसेटम नामक एक ऐसा वृक्ष पाया जाता है जिसकी ऊँचाई 20 से 40 फुट तक की होती है। किंतु इन पेड़ों पर कोई पत्ता नहीं होता।

हाथियों की जेहाद के नाम से प्रसिद्ध वृक्ष

आंध्र प्रदेश की राजधानी हैदराबाद के पास ऐतिहासिक गोलकुंडा नाम का प्रसिद्ध किला है। इस किले के अंदर 'बोआबाब' नाम का एक वृक्ष है। इसके बारे में यह प्रसिद्ध है कि यह वृक्ष 700 वर्ष से भी अधिक आयु का है। दूसरे, इसके तने ने लगभग 100 फुट जमीन को घेर रखा है। इसकी पीड़ या खोल इतनी बड़ी है कि इसमें 25-30 व्यक्ति आसानी से समा सकते हैं। स्थानीय भाषा में लोग इसे 'हाथियों की जेहाद' नाम से पुकारते हैं। क्योंकि इस वृक्ष का तना हाथियों की टाँगों के समान दिखाई देता है। हाथियों के झुंड समय-समय पर इसे घेरे रहते हैं क्योंकि यह उन्हें छाया के अलावा खाने को छाल भी देता है।

मूल रूप से यह वृक्ष अफ्रीका में पैदा होनेवाला है। इसे हैदराबाद के सुल्तानों

के समय यहाँ लाया गया था। यह वृक्ष इतना विशाल हो गया है कि इसके खोल के भीतर प्रवेश करने के लिए इसमें सात सीढ़ियों से चढ़कर ऊपर पहुँचा जाता है। यह अनेक पक्षियों का आश्रय-स्थल भी है। इसे 'शैतान का घर', 'शैतान का जेहाद' आदि नाम भी दिए जाते थे क्योंकि किसी समय यहाँ चोर-डाकू छिपकर अपना 'काम' बनाया करते थे।

अद्भुत पौधों में सबसे आगे — आर्किड

आर्किड संसार के अद्भुत पौधों में सबसे अद्भुत माना जाता है। इसकी देखभाल करनेवाले को बहुत से नियमों और निर्देशों का पालन करना होता है। विशेषकर जब यह पौधा शुष्क जलवायुवाले स्थानों में लगाया जाता है तब यह पूरी-पूरी देखभाल माँगता है। इस कारण इसे लगाना रईसी का काम माना जाता है और यह हर किसी के बस का नहीं होता। इस पादप के परिवार में 740 जातियाँ हैं, और इसकी 18,000 प्रजातियाँ मानी जाती हैं।

यह जंगलों में पत्थरों पर, जमीन पर दलदल प्रदेशों में और पेड़ों पर भी उगता है। यह अपना भोजन आसपास के वातावरण से प्राप्त करता है और फफूँद से भी अपना भोजन ले लेता है। यह परजीवी है। आर्किड के पत्ते मोटे, चिकने और चमड़े के समान होते हैं। इसके तने का भाग एक कंद के समान होता है। यहीं पर यह अपना भोजन जमा करता है। इसके फूलों की यह विशेषता होती है कि ये महीनों तक ताजे और खिले हुए दीखते हैं। इसलिए इनके फूलों से घरों को सजाया जाता है।

आर्किड की देखभाल सावधानी से करनी होती है क्योंकि फफूँदयुक्त होने पर यह रोगों का कारण भी बन सकता है। इसलिए इन्हें लगाने की जगह के आसपास उसे कीटाणुरहित भी करना होता है। आर्किड की देखभाल एक महँगा शौक है, फिर भी इसे लगाने में शौकीनों का शौक पूरा होता है।

आज हमारे देश में भी इसकी अनेक सुंदर किस्में उपलब्ध हैं।

☆ ☆ ☆